高等教育教学评价量表手册

主编　王力娟　田社平

上海交通大學出版社
SHANGHAI JIAO TONG UNIVERSITY PRESS

内容提要

本书收录了54个经过严格筛选的高等教育领域常用量表，并详细介绍了量表的来源、编制过程及使用注意事项。这些量表涵盖课堂环境、学习体验、学习力、学习投入与效果、学习兴趣、学习动机、领导力、综合素养、创新能力及元认知等多个维度，为教育工作者提供了全面的测评工具参考。无论是教育研究者还是一线教师，都能从中获得启发与帮助，提升教学研究的科学性和有效性。

图书在版编目(CIP)数据

高等教育教学评价量表手册 / 王力娟，田社平主编．上海：上海交通大学出版社，2025. 6. --ISBN 978-7-313-32865-6

Ⅰ. G649. 2-62

中国国家版本馆CIP数据核字第2025N58T26号

高等教育教学评价量表手册

GAODENG JIAOYU JIAOXUE PINGJIA LIANGBIAO SHOUCE

主　　编：王力娟　田社平

出版发行：上海交通大学出版社　　地　　址：上海市番禺路951号

邮政编码：200030　　电　　话：021-64071208

印　　制：上海万卷印刷股份有限公司　　经　　销：全国新华书店

开　　本：710mm × 1000mm　1/16　　印　　张：15.5

字　　数：287千字

版　　次：2025年6月第1版　　印　　次：2025年6月第1次印刷

书　　号：ISBN 978-7-313-32865-6

定　　价：68.00元

主编简介

王力娟，女，上海交通大学专职科研系列副研究员，发展与教育心理学博士，硕士生导师，ISW、FDW培训师，“中期学生反馈”咨询师，《教学学术》辑刊执行主编。主持并结题国家社科基金“十三五”规划教育学项目1项，省部级教育科学规划重点项目1项。出版专著3部，发表SSCI、SCI等论文二十多篇。其中以第一作者身份在SSCI源期刊上发表的学术论文中的“中小学教师状态焦虑”量表被美国心理学会的PsycTESTS收录。研究方向为教师焦虑、教学学术和大学生责任意识培养。“大学教学基础”慕课课程主讲教师之一，为学生开设过多门心理学相关课程，包括“高等教育心理学”“学习心理学”“教育心理学”“发展心理学”“心理咨询与心理治疗”“大学生心理健康教育”等。专长为教师培训、教学咨询和教学学术研究。获得国家级教学成果二等奖（2023）、上海市教学成果特等奖（2022）、上海交通大学教学成果一等奖（2019）等奖项。

田社平，工学博士，上海交通大学电子信息与电气工程学院副教授。长期从事“电路理论”课程的教学工作。曾获国家级教学成果二等奖（2022），上海市教学成果一等奖（2013、2022），上海交通大学教学成果特等奖（2016、2019、2021）、一等奖（2006、2013），获上海交通大学教书育人奖（2020）、唐立新教学名师奖（2020）。主编、参编电路理论教材五部。发表教学研究论文100余篇。研究兴趣为大学生批判性思维能力的培养与测量。

前 言

早在 2005 年至 2008 年攻读博士期间，因博士论文选题与中小学教师状态焦虑有关，必须参考和借鉴斯皮尔伯格的“状态 - 特质焦虑量表”作为研究工具，为了获得该量表，我大费周折。我国的很多期刊在发表文章，特别是有关量表编制和修订的文章时，很少会将量表附于之后。因此，要想获得一个编制或修订质量较高的量表，就需要联系到量表作者本人。但问题是，作者可能会更换工作单位，联系作者就变得比较困难。

时间迅速来到了 2021 年。在此期间，我自己的工作单位也发生了变化，开始在上海交通大学主管教学学术相关工作。在此过程中，我发现量表作为一种非常常用的数据收集工具，在教师的教学学术研究中使用得更加普遍。但很多教师抱怨自身不具备教育学 / 心理学的学科背景，要想编制一个规范的量表进行教学学术研究比较困难。但是，要想获得一个质量较高的已有量表也不容易，此外，他们不知如何判断量表的好坏，更不知如何遴选符合心理测量学标准的量表。有时，他们会在网上随便搜索一些量表来用，但这类量表很多并没有经过规范的修订，不仅无法获得想要的数据，反而影响了学生参与的积极性和对教师的印象。这使教师们的教学学术研究变得举步维艰。

早在攻读硕士期间，我曾经看过一本收录了几十个比较成熟且符合心理测量学标准的书，这本书就是戴晓阳老师主编的《常用心理评估量表手册》。这本书编写得如此之好，以至于到目前为止，都没有能出其右者。为以这本书为标杆，加之高校教师对高质量量表的需求强烈，我便产生了编写一本同类书的冲动。

此书是集体智慧的结晶。当然首先感谢量表作者，每个量表都是他们智慧的结晶，蕴含了他们的心血和创意，没有他们的精心编制，本书就不可能出版。其次感谢我的同事们，感谢他们耐心地搜集相关文献，并从浩如烟海的研究论文中将量表的关键信息和核心概念整理出来。各章的编写人员（以姓氏拼音为序）分别是：上海交通大学教务处的胡腼（第一章、第二章），上海交通大学教学发展中心的李鲍（第八章），刘卫宇（第二章、第四章），马莹（第七章），上海交通大学电子信息与电气工程学院的田社平（第一章、第二章、第三章、第八章），上海交通大学教学发展中心的王力娟（第四章、第八章、第九章、第十章），谢艳梅（第九章），张兴旭（第五章、第八章），张莹（第六章）。

此外，要特别感谢田社平老师，是田老师花了大量时间对全书进行了统稿和校对。还要特别感谢上海交通大学教学发展中心王丽伟教授、高捷教授、章晓懿教授长期以来对教学学术工作的高度重视和大力支持。感谢上海交通大学教学发展中心沈建英老师对本书出版给予的大力支持。要感谢的人还有很多，就不一一列举了，在此一并致谢！

总之，是很多人付出了辛苦和努力才使这本书得以与大家见面。正所谓“千淘万漉虽辛苦，吹尽狂沙始到金”，希望本书能为高校教师的教学学术研究助一臂之力。

虽然我们尽力搜集教师在教学学术研究中可能用到的量表，但限于人力、物力，书中只收录了54个量表。如果读者在此书中没有找到自己需要的量表，还可以从以下几个渠道获得：

（1）在您所在学校的数据库（如中国知网）中收集相关主题的硕士或博士论文。有的论文会编制质量较高的量表，有的会修订别人编好的量表。一般来说，学位论文中的量表质量相对会更高一点，而且绝大多数都交代了编制/修订的过程，结尾一般也会附正式施测的量表的全文。也有一些人发表了量表编制类的期刊文章，可以联系作者获得量表全文。

（2）美国心理协会创建了一个专门的量表数据库叫PsycTESTS（美国心理协会心理学测量工具数据库）。该数据库收录了自1896年以来逾5.1万个重要的心理测量工具，其内容覆盖发展心理学测试、信仰因素量表、关系因素量表、期望值因素量表、种族因素量表与族裔因素量表、攻击行为问卷、应对策略问卷、功能状况问卷、心理韧性量表、情绪调节量表、物质滥用量表，对知识、能力、态度、身体健康、人格特质的测量和教育测量、神经心理学测量、智力测验等领域，每月更新。PsycTESTS覆盖了心理研究评估的所有范畴，包括神经心理测试、人格评估、技能及熟练度评估等。在我国，并非每一所高校都购买了该数据库，但一般以心理学学科为优势的高校都购买了该数据库，比如北京师范大学、华东师范大学等。这一数据库对于我国学者来说还有部分缺陷。比如所收录的都是英文量表，如果不是在我国本土环境中编制的，在使用时需要重新修订，即便是我国本土编制的量表，也需要翻译为中文。

（3）也有一些人编辑了专门的量表类书籍，可以在其中搜集自己研究所需的量表。

（4）根据他人编制的相同主题的量表，改编出符合自己课堂实际情况的量表。高校教师一般都在自己的课堂上开展教学学术研究。而因教学内容、上课时间、学生和教师自身情况等存在诸多不同，教师要找到一个与自己课堂教学完全相符的量表本身就不是一件很容易的事。因此，教师可以在确定核心变量的基础上，对已有相关量表进行改编并在统计检验后使用。

（5）编制自己的量表。对于非教育学或心理学背景的一线教师来说，自己编制一个量表，并不容易，但也不是不能做。首先明确量表测量的核心概念的内涵，然后根据这一内涵，通过规范的量表编制方法和程序以及预测和修订，编制出符合心理测量学标准的量表。

（6）采用知识 / 技能自信度调查替代量表。知识 / 技能自信度调查是调查学生对掌握某些核心知识点的自信心，编制和使用的流程相对简单，比较节省时间，可以在教学学术研究中使用。比如，指导语可以说：请您按 1 到 3 对自己正确回答每个问题的信心进行评分。其中 3 表示有信心现在就可以正确回答；2 表示可以达到 50% 的正确率，或者在有机会查找资料的情况下确信能 100% 正确回答；1 表示没有信心回答这个问题，即使允许查找资料也是如此。调查的条目由课程核心知识点构成，由教师根据自己的教学目标来编制，既可以包括低阶知识点也可以包括复杂的高阶问题。进行知识 / 技能自信度调查不必占用课堂时间，可以以回家作业的形式进行。教师在教学学术研究的过程中可以利用知识 / 技能自信度调查进行前后测，一方面方便教师了解学生的薄弱环节，另一方面帮助教师了解教学效果。

最后，我想强调一下读者在使用量表进行教学研究时的注意事项。量表作为一种常用的研究工具，在教育教学研究中非常常见。但大家在使用的过程中需要注意：①并非所有研究都适合使用问卷 / 量表法，比如想了解学生的问题解决能力、动手操作能力、记忆能力、认知的广度与深度等时，不适合使用问卷 / 量表法。而且，根据邓宁 - 克鲁格效应，大家对于自己能力的笼统判断与真实水平之间往往呈负相关。②在使用问卷 / 量表收集数据时，有时难以保证填答的环境和质量。例如，当班级学生人数较少时，即使问卷 / 量表为匿名的，学生也会因担心被老师猜出而不敢如实填答。此外，如果学生对于量表调查的内容不感兴趣，他们也会随便应付，使填答内容失真。③量表所获得的数据缺乏弹性，往往不够深入。因此，问卷 / 量表法最好与其他研究方法一起使用，比如实验法、访谈法、观察法、文献法等，只有这样才能深度挖掘现象背后的原因和变量间的关系。④问卷 / 量表的适用范围还受到调查对象总体构成情况的影响。一般来说，相对于成分混杂的群体，问卷 / 量表法更适用于成分单一的群体。在成分单一的群体中进行调查时，因被调查者的相似因素比较多，可以减少问卷 / 量表设计上的困难和麻烦。而在成分混杂的群体中，个体之间相同或相似的情况较少，要想设计出一份适合每一个个体的问卷/量表，往往很难。可见，问卷/量表方法并不是万能的，它有适用条件和限制，需要在开展研究的过程中恰当地使用。

王力娟

于上海交通大学陈瑞球楼 503 室

2024 年 10 月 10 日

目　录

第一章 课堂环境

大学生课堂环境量表

1. 概述

自20世纪60年代末以来，课堂环境作为影响有效教学的重要因素一直是学术界关注的热点。课堂环境是决定学生发展的潜在因素，任何一位希望提高教育教学质量的教师或研究者都不能忽视。课堂环境作为学习环境的一部分，与其他环境相比，在地点、主体与内涵上表现出其自身的独特性。它主要涉及课堂教学过程中教师和学生、学生和学生之间的互动关系等。弗雷泽（Fraser）将课堂环境定义为学生或者教师对班级或课堂的知觉或感受。[1]而学生感知的课堂环境不仅直接影响认知投入和行为投入，还通过情感投入促进其他两种投入，进而对大学生学习效果产生影响。

“大学生课堂环境量表”[2]从学生的角度调查学生对班级或课堂的知觉或感受。该量表整合了美国“全国大学生学习性投入调查”（National Survey of Student Engagement，NSSE）、中国版“大学生学习性投入调查量表”（NSSE-China）、澳大利亚“全国学生课程体验调查”（Course Experience Questionnaire，CEQ）、“日本大学生调查”（Japanese College Student Survey，JCSS）等量表以及清华大学史静寰教授团队开发的“中国大学生学习与发展追踪调查”（China College Student Survey，CCSS）、厦门大学史秋衡教授团队开发的“国家大学生学习情况调查研究”（National College Student Survey，NCSS）量表中的题项，并对个别题项进行了适度修改和自行开发。整个量表参考穆斯（Moos）社会环境理论[3]的分类方式，结合教师组织教学活动的程序，将学生感知的课堂环境划分为“教学准备”“教学支持”“规制教学”3 个维度。

2. 量表结构及实施方法

2.1 量表维度内涵阐释

该量表中的“教学准备”维度反映的是教师的授课准备情况，主要体现在课堂环境中给学生展示的教学内容、讲解方式等，对应了 Moos 社会环境理论中的个人发展维度。“教学支持”维度指的是课堂中教师对学生的支持，主要体现为在课堂教学中考虑学生的感受、通过教学互动提高学生课堂参与度等，对应了 Moos 社会环境理论的关系维度。“规制教学”维度主要体现为课堂秩序与规则，如要求学生进行课堂汇报、提交课程论文等，对应了 Moos 社会环境理论的组织维持与变化维度。

2.2 量表题项归属

该量表包含 14 个题项，涵盖课堂环境调查的三个维度，题项分布见表 1-1。

表 1-1　大学生课堂环境量表的题项构成

量表维度	题项
教学准备	1、2、3、4、14
教学支持	6—9、11
规制教学	5、10、12、13

2.3 答案选项和记分方法

（1）该量表采用李克特（Likert）5 点量表法进行记分，在每一道题目后，有 1~5 的数值选项，所代表的程度依次递增，分别为“完全不符合”“不符合”“一般”“符合”“完全符合”，由填答者在每一道题后选择符合实际情况的数值。

（2）所有题项均为正向记分。

3. 测量学指标

该量表在设计时参考了同类量表的题项，同时经过教育学、心理学、管理学等领域专家的多次修正，确保了内容效度。

初始量表包含16个题项，预调查时发放量表130份，回收121份，回收率为93.08%，去除答案一致或信息残缺等的无效量表18份，最终获得103份有效量表，有效量表回收率为79.23%。在此基础上，通过项目区分度分析和探索性因素分析，删除了题项14、15，最终形成含3个维度、14个题项的正式量表。

在正式调查中，采取整群随机抽样的方法，选取某研究型大学的7个通识课程本科生班级，发放量表830份，回收788份，回收率为94.94%，去除31份无效量表，获得757份有效量表，有效量表回收率为91.20%。经过进一步的统计分析，我们发现量表的信效度良好（见表1–2）。

表1–2 大学生课堂环境量表的信效度指标

维度	题项数	Cronbach's α 值	CR	模型拟合指数
教学准备	5	0.796	0.861	χ^2=269.697，df=74，GFI=0.949，AGFI=0.928，NFI=0.928，RMSEA=0.059
教学支持	5	0.825	0.878	
规制教学	4	0.671	0.802	

4. 应用情况

该量表编制者在《课堂环境对大学生学习成果的影响》这一研究中，[2] 重点分析了学生感知的课堂环境和学习投入对大学生学习成果的影响，并使用结构方程模型探讨了学习投入在课堂环境和大学生学习成果关系中的中介效应。主要结论如下：

（1）在学生感知的课堂环境、学习投入与学习成果的基本特征等方面，学生对教学内容准备和师生互动等方面给予了好评，但在作业反馈和课堂提问的方式方面评价不高；女生对课堂环境的肯定态度高于男生，对课堂环境的3个维度的评价均呈现出随年级增长先下降再上升的趋势。

（2）在学习投入方面，大学生的认知投入、情感投入和行为投入总体状态良好。在认知投入方面，学生同时使用了深层学习和表层学习的方式，但每周学习时间越长、课堂出勤率越高的学生采用深层学习的越多。另外，男生采用深层学习的更多，女生的自我管理水平更好；低年级学生使用表层学习的更多，规则行为方面的表现更好；理工科学生使用深层学习的更多，教育价值感也更高。

（3）在学习成果提升方面，大学生认为自己在知识习得方面的提升优于在认知思维和组织表达方面的提升。知识习得和组织表达的提升在性别、年级、学科专业上不存在显著差异，但认知思维的提升在性别、年级和学科专业上均存在显著差异。具体表现为，男生的认知思维提升程度显著高于女生，大四学生的认知思维显著高于大一、大二学生，理工科学生的认知思维显著高于人文社科学生。学习成果在性别和学科专业上存在显著差异，具体表现为男生的学习成果提升程度显著高于女生，理工科学生的学习成果提升程度显著高于人文社科学生。

（4）课堂环境和学习投入对大学生学习成果的影响方面。课堂环境对大学生学习成果有正向影响。课堂环境的 3 个维度对知识习得与认知思维有显著预测作用，教学支持与规制教学对组织表达有显著预测作用。从解释变异量来看，教学准备对知识习得的预测力最高，教学支持对认知思维的预测力最高，规制教学对组织表达的预测力最高。学习投入对大学生的学习成果有正向影响。具体表现为，学习投入中的情感投入与行为投入对学习成果的 3 个维度均有显著正向影响，学习投入中的认知投入只对知识习得与认知思维有显著正向影响，对组织表达的影响不显著；深层学习对知识习得和认知思维的预测力最高，主动行为对组织表达的预测力最高。

（5）学习投入在课堂环境与大学生学习成果关系中存在中介作用。认知投入在教学准备与组织表达、教学支持与组织表达的关系中起完全中介作用，在规制教学与组织表达关系中起部分中介作用。情感投入在教学准备与组织表达、教学支持与组织表达的关系中起完全中介作用，在规制教学与组织表达关系中起部分中介作用。行为投入在教学准备与组织表达、教学支持与组织表达的关系中起完全中介作用，在规制教学与组织表达关系中起部分中介作用。课堂环境通过学习投入的中介作用对大学生学习成果产生间接影响，而且从学习投入的内部作用机制来看，课堂环境先影响情感投入，通过情感投入的作用提升认知投入和行为投入。

上述研究结果包含了“大学生课堂环境量表”（第一章）和“大学生学习成果量表”（第四章）的调查结果。

参考文献

[1] FRASER B. Classroom environment [M]. London: Croom Helm, 1986.

[2] 朱莲花. 课堂环境对大学生学习成果的影响 [D]. 大连：大连理工大学, 2019.（量表来源文献）

[3] MOOS R H. Educational climates [M] //WALBERG H J. Educational environments and effects: Evaluation, policy, and productivity. California: McCutchan Publishing Corporation, 1979.

扫描二维码
获取量表

大学生英语课堂环境[illegible]量表

1. 概述

在当今全球一体化的背景下，语言作为国家之间文化交流与理解[illegible]……World English[illegible]……[illegible]

[illegible]

表1-5 [illegible]

[illegible]

大学生英语有效课堂环境量表

1. 概述

在当今全球化逐步深化的背景下，语言作为国家之间开展文化交流与思想沟通的媒介与桥梁，对促进各国的发展以及提高其在全球的影响力无疑起着至关重要的作用。因此，外语教育成为世界各个国家公民教育的重要组成部分。随着国际交流的日益频繁，英语逐渐成为一门世界通用语（World English/Lingua Franca），在国际社会、经济、文化交流中的价值日益凸显。国内学界结合大学英语课程教学要求及外语课堂学习的特点，基于有效教学理论以及人与环境相互作用理论，将大学英语有效课堂环境界定为学生对有效教学要素（教学技能与活动、教学情境）及人际关系的心理感知，形成了基于学生感知的大学英语有效课堂环境的构建维度，即学习行为、人际支持、情境支持，这 3 个维度共同影响学习效果，该量表将它们作为大学英语课堂环境构建及评价的理论模式。

“大学生英语有效课堂环境量表”[1][2]是基于我国大学英语有效课堂环境构建及评价理论编制而成，该量表旨在通过探究我国大学生对英语课堂环境的个人感知，在教学过程与教学结果两个层面进行考察，共包含 15 个因子（见表 1-3）。

表 1-3　大学英语有效课堂环境量表的因子名称、内容描述及题项范例

层面	维度	因子名称	描述
教学过程	学习行为	任务取向	按照目标完成学习活动
		活动参与	学生对课堂活动的参与
		探究学习	学生在活动中培养探究能力
		合作学习	学生合作完成学习任务
		个性化学习	学生自主确定活动方式
		联系现实	课上所学内容联系现实

续表

层面	维度	因子名称	描述
教学过程	人际支持	学生融洽度	学生相互帮助和支持
		教师支持	教师帮助、信任、关注学生
		学生平等	教师平等对待学生
	情境支持	课堂管理	有序开展及组织课堂活动
		活动创新	教师实施新颖的课堂活动
		多媒体运用	多媒体对教学活动的辅助
教学结果	学习效果	收获评价	学生对学习效果的自我评价
		自我效能	学生对内容把握程度的判断
		学习兴趣	学生对课堂教学活动的兴趣

2. 量表结构及实施方法

2.1 量表维度内涵阐释

课堂教学有效性评价既要看教学产生的结果，又要重视教学过程。因此评价大学英语有效课堂环境应从结果与过程两个层面进行考量，既要看课堂环境构建之后产生的学习效果，又要评价学习过程体现出的课堂环境是否有效。该量表采用教育质量标准来阐释我国大学英语有效课堂环境。

教育质量包括两类标准：约定标准达成度（Promissory Standards Degree，PSD）和满意度（Satisfactory Degree，SD）。约定标准达成度是指要符合预先设定的教育教学标准。具体到课堂环境研究，约定标准达成度是指根据大学英语课堂环境的内涵确定的课堂环境构建三维度及其要素，即学生对教学行为、人际关系、教学情境的感知程度，以评价课堂学习过程的有效性。满意度是指取得的教育教学效果令学生满意的程度。具体到课堂环境研究，满意度是指在课堂环境构建过程中或完成后学生对课堂教学效果的感知程度，以评价课堂学习结果的有效性。教育质量约定标准达成度和满意度为评定课堂环境提供了双向标准，由此可归纳出大学英语有效课堂环境构建及评价的 4 种典型情况，见图 1-1。这 4 种情况为：

情况一，象限 I 代表真正有效的课堂环境构建，不但约定标准达成度高，而且学生满意度高，即高 PSD、高 SD 才能生成高效课堂环境。情况二，象限 II 代表有偏差的有效课堂环境构建，约定标准方面达成度高，但学生满意度低，如学生被迫参与课堂活动而感受不到学习的乐趣，即高 PSD、低 SD 依然生成低效课堂环境。情况三，象限Ⅲ代表低效的课堂环境构建，即不仅没有达成较高的约定标准，而且学生满意度低，即低 PSD、低 SD，只能生成低效课堂环境。情况四，象限Ⅳ代表高满意度但却低效的课堂环境构建，虽然学生满意度高，但实际上并未达到预期的学习目标，如脱离了教学目标仅追求生动有趣的教学，即低 PSD、高 SD，也是生成低效课堂环境。

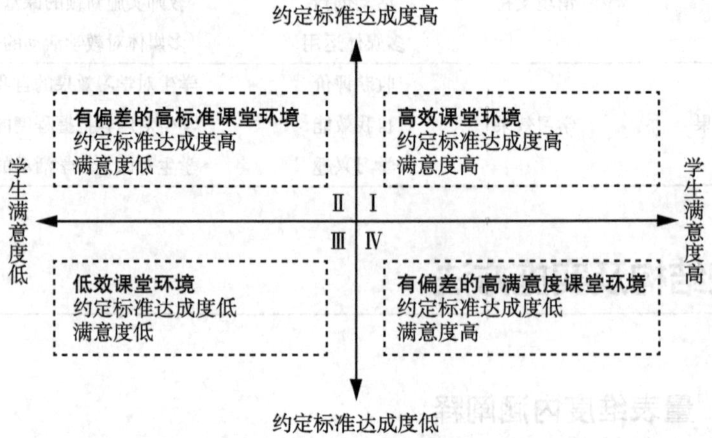

图 1-1　基于教育质量标准的大学英语有效课堂环境[3]

归纳上述 4 种情况，可以发现，大学英语有效课堂环境评价与 PSD、SD 之间存在特殊的逻辑关系，即课堂环境的有效性 =PSD × SD=PSD ×（学习行为维度 + 人际支持维度 + 情境支持维度）× SD= 学习行为维度 PSD × SD+ 人际支持维度 PSD × SD+ 情境支持维度 PSD × SD。可见，课堂环境 3 个维度的约定标准与满意标准的乘积相加就是课堂环境构建的有效性，其中学习行为维度 PSD × SD 反映出学习行为维度的有效性；人际支持维度 PSD × SD 反映出人际支持维度的有效性；情境支持维度 PSD × SD 反映出情境支持维度的有效性。

基于上述分析，大学英语有效课堂环境构建及评价体系包括学习行为、人际支持、情境支持、学习效果 4 个维度。其中，学习行为、人际支持、情境支持 3 个维度体现的是大学英语有效课堂环境的构建过程，学习效果维度体现的是大学英语有效课堂环境构建过程产生的结果。

2.2　量表题项归属

量表包含 63 个题项，题项分布见表 1–4。

表 1-4　大学生英语有效课堂环境量表的题项构成

维度	因子名称	题项
学习行为	任务取向	27、28、29、30
	活动参与	31、32、33、34
	探究学习	20、21、22、23
	合作学习	24、25、26
	个性化学习	35、36、37
	联系现实	16、17、18、19
人际支持	学生融洽度	11、12、13、14、15
	教师支持	1、2、3、4、5
	学生平等	6（反向题）、7、8、9、10
情境支持	课堂管理	46、47、48、49
	活动创新	42、43、44、45
	多媒体运用	38、39、40、41
学习效果	收获评价	59、60、61、62、63（反向题）
	自我效能	50、51、52、53
	学习兴趣	54、55、56、57、58

2.3　答案选项和记分方法

（1）该量表采用李克特 5 点量表法进行记分，在每一道题目后，有 1~5 的数值选项，所代表的程度依次递增，分别为“几乎从不”“很少”“有时”“经常”“总是”，由填答者在每一道题后选择符合实际情况的数值。

（2）第 6、63 题为反向记分题，其他题项均为正向记分题。

3. 测量学指标

该量表在正式开展大规模实证调研之前，进行了预试研究，包括 4 个步骤：①教师讨论修改。邀请 3 名一线大学英语教师（其中 1 名为教授，2 名为副教授，均具有硕士研究生学历，从事大学英语教学 9~26 年）对量表进行讨论修改。②学生讨论修改。将修改后的量表发给 30 名学生，分组讨论后，要求他们各自选择符合自身实际情况的描述项。③综合前两个步骤获得的师生反馈，删除表述不够清晰、没有聚焦相关维度或内容重复的题项。④将修改后的量表在某省属综合高校对 498 名大一非英语专业学生进行小样本预测，通过因子提取，删除了因子负荷值小于 0.4 的题项，最终确定 63 个题项，用于正式施测。

正式施测时，通过随机抽样法，于 2014 年 5 月 1 日至 2014 年 10 月 18 日对国内 5 所院校（3 所省属重点综合类大学、1 所市属财经类大学、1 所部属理工大学）的非英语专业大一和大二本科生进行调查。删掉无效量表后，共收集有效量表 1 517 份。样本中的学生年龄为 17 至 21 岁，平均年龄为 19 岁。男生占 39.41%，女生占 60.59%。文科生占 32.61%，理科生占 46.04%，商科生占 18.33%，其他专业学生为 3.02%，分别来自教育、信息技术、生物、化学、工商管理等专业。经过统计分析，学习行为、人际支持、情境支持 3 个维度的信度系数分别是 0.926、0.859、0.881，学习效果的信度系数为 0.908，均具有统计意义上的显著性（$p=0.000<0.001$），量表的信效度良好（见表 1–5）。

表 1–5 量表的信效度检验

	因子萃取	KMO 及近似卡方	因子负荷范围	特征值	解释方差	Cronbach's α 值		因子内部项间的相关性
学习行为	任务取向	0.938*** 16 576.049	0.495~0.728	2.431	11.501	0.810**	0.926**	0.404~0.624*
	活动参与		0.438~0.745	2.050	8.914	0.790**		0.393~0.645*
	探究学习		0.459~0.701	1.922	8.357	0.858**		0.504~0.644*
	合作学习		0.595~0.674	1.887	8.202 1	0.796**		0.542~0.592*
	个性化学习		0.571~0.630	1.923	8.363	0.810**		0.404~0.624*
	联系现实		0.452~0.758	2.468	10.729	0.819**		0.412~0.648*
人际支持	学生融洽	0.861*** 8 234.403	0.651~0.753	2.177	16.750	0.825**	0.859**	0.451~0.697*
	教师支持		0.572~0.780	2.424	8.648 1	0.826*		0.388~0.596*
	学生平等		0.607~0.804	2.303	7.719	0.828**		0.434~0.666*
情境支持	课堂管理	0.883*** 9 409.610	0.642~0.773	2.228	18.568	0.823**	0.881**	0.409~0.619*
	活动创新		0.688~0.747	2.333	19.442	0.846**		0.535~0.681*
	多媒体运用		0.645~0.793	2.597	21.646	0.881*		0.581~0.715*
学习效果	收获评价	0.909*** 11 232.601	0.557~0.732	2.188	16.830	0.872*	0.908**	0.556~0.692*
	自我效能		0.640~0.837	2.587	19.897	0.848**		0.442~0.668*
	学习兴趣		0.574~0.717	2.901	22.314	0.852**		0.432~0.661*

注：* 表示 $p<0.05$；** 表示 $p<0.01$；*** 表示 $p<0.001$。

4. 应用情况

量表编制者基于 1 633 份有效量表的大样本调查，通过描述性统计、相关关系、均值、独立样本 t 检验等统计手段，考察了我国大学英语有效课堂环境构建及评价体系各个维度与要素的现状和特点。主要结果包括：

大学英语有效课堂环境构建及评价包含的 15 个要素均呈现正态分布的特点；学习行为维度包含的 6 个要素之间、人际支持维度包含的 3 个要素之间、情境支持维度包含的 3 个要素之间分别存在低度或中度相关关系，说明大学英语有效课堂环境构建三维度各自包含的要素在概念上相互独立，但也存在一定的相互关系。而且，随着年级的变化，学生对课堂环境构建过程中的一些要素的感知也会发生显著变化。同时，学习效果维度包含的 3 个要素之间存在中度与高度相关关系，说明大学英语有效课堂环境评价包含的要素在概念上相互独立但同时密切相关。效果维度中的有些要素也随年级变化而发生显著变化。

大学英语有效课堂环境各要素均值呈现不同特点，总体上能够说明我国大学英语有效课堂环境构建的特征及成效，同时该体系依然存在不断完善的空间。各要素描述统计结果见表 1–6。

表 1–6　大学英语有效课堂环境各要素描述统计结果

维度	要素	极小值	极大值	均值	标准差	偏度		峰度	
						统计量	标准误	统计量	标准误
学习行为	联系现实	1.000	5.000	3.343	0.788	0.010	0.061	–0.173	0.121
	探究学习	1.000	5.000	3.214	0.841	–0.062	0.061	–0.062	0.121
	合作学习	1.000	5.000	3.503	0.807	–0.189	0.061	–0.073	0.121
	任务取向	1.000	5.000	3.716	0.685	–0.222	0.061	0.176	0.121
	活动参与	1.000	5.000	3.168	0.749	0.154	0.061	–0.104	0.121
	个性化学习	1.000	5.000	3.503	0.719	–0.118	0.061	–0.001	0.121
人际支持	教师支持	1.000	5.000	3.611	0.722	–0.116	0.061	–0.104	0.121
	学生融洽	1.000	5.000	3.914	0.701	–0.343	0.061	–0.064	0.121
	学生平等	1.000	5.000	3.536	0.707	–0.103	0.061	0.548	0.121
情境支持	课堂管理	1.000	5.000	4.095	0.657	–0.650	0.061	0.808	0.121
	活动创新	1.000	5.000	3.569	0.786	–0.086	0.061	–0.295	0.121
	多媒体运用	1.000	5.000	3.782	0.844	–0.419	0.061	0.014	0.121

续表

维度	要素	极小值	极大值	均值	标准差	偏度		峰度	
						统计量	标准误	统计量	标准误
学习效果	自我效能	1.000	5.000	3.126	0.794	0.128	0.061	−0.007	0.121
	学习兴趣	1.000	5.000	3.546	0.709	−0.133	0.061	−0.310	0.121
	收获评价	1.000	5.000	2.874	0.603	−0.234	0.061	−0.022	0.121

参考文献

[1] 任庆梅. 大学英语有效课堂环境研究 [M]. 北京：科学出版社，2019.（量表来源文献）

[2] 任庆梅. 大学英语有效课堂环境构建与评价量表实证检测 [J]. 教育研究，2016（4）：105–111.

[3] 任庆梅. 大学英语有效课堂环境构建及评价的理论框架 [J]. 外语教学与研究，2019，45（5）：732–801.

扫描二维码
获取量表

“复旦大学通识教育学生调查”量表

1. 概述

进入20世纪以来，国际高等教育质量保障的关注点已从投入转移至产出，特别是通过学生真实的学习效果来评价教育质量的理念与实践已成为主流。学生学习效果评估（Student Learning Outcome Assessment）通过运用有效的技术手段持续收集大学生学习成效数据，了解大学或学院提供的教育是否符合教育理念与使命、学生真实的学习收获是否符合改革方向并最终达到了改革行动预设的目标等，以此对高等教育机构和课程教学的有效性进行评估，并通过统计数据挖掘学习效果与教学行为之间的关系，为今后的持续改进提供参考。

由于和专业教育相比，通识教育的学习效果并不等于各门课程学习成绩的总和，以课堂为主的教育活动在课外也会发生各种难以衡量的潜在影响，因而需要以学生个人为单位对认知与技能、志趣与人格等做综合评估。“复旦大学通识教育学生调查”量表[1]从中国大学通识教育改革进入课程建设阶段的实践需求出发，通过构建基于中国经典教育思想的“文质—知行”这一比较完备的通识教育目标理论框架，使用国际主流的大学生学习效果“增值”测评方法研制而成。基于“文质—知行”框架，该量表设置了19个题项分别归属于“经典体悟”“跨学科视野”“品识力”“践行力”4个维度，通过学生自评在每个题项上和入学时相比的提升或减退程度，来反映整体的通识教育效果和学生在学习上进步或发展的“增量”。

2. 量表结构及实施方法

2.1 量表内涵及维度阐释

1)“文质—知行”通识教育目标理论框架

以量表调查为测量工具时，比较容易枚举出知识、能力、态度、素养、情意、品格等各方面的目标，比如书面写作、口头表达、批判性思维等，但真正的困难在于如何构建体系以体现完备性、健全性。因此，我们需要从对理想人格的认识出发提出一套完备的框架，而不是简单地枚举教学目标。“文质—知行”通识教育目标理论框架来源于中国经典文化，“文”与“质”兼备，体现了先秦儒家的思想框架，其基本含义包括了外在与内里、礼乐文化与质地本色、教养与天性的关系等。“文”与“质”看似对立，实则统一，构成了一组理想的概念框架。“知”与“行”则源于宋明理学，朱熹认为“大抵学问只有两途，致知力行而已”，王守仁更树立了“知行合一”之教，影响深远。理想人格应知行并举、知行合一，已成为一种基本共识。

此外，文与质是属性，知与行是主体，两组概念相交而不重叠。既有属文的知，也有属质的知；既有属文的行，也有属质的行。使用这两组对立统一的概念框架，可以构建起符合中国人文理想且具有经典意义的健全人格标准（见图 1–2）。

2)4 个维度的内涵

从图 1–2 所示的大学通识教育效果的理论框架可以引申出理想人格的 4 个维度。属“文”的“知”自古至今都是文教的内容，目标不只认知，更要体悟，即图 1–2 中的“经典体悟”。“质”在古典时代多指传统道德，然而在现代，传统道德不适宜成为大学的教条。创立复旦大学的首任校长马相伯先生较早地洞察到学科分化、科学兴起的教育现代化趋势，提出“质学”即对应现代科学，“文质彬彬”意味着现代教育需要人文与科学并重。由这种贯通古今的创造性见解，可以推断属“质”的“知”对应的是对各种现代科学学科知识的驾驭能力，也就是“跨学科视野”。属“文”的“行”是文化教养孕育的个人修为，表现为辨别、取舍、品鉴、判断等知好赖、辨美丑的德性，所以它未必是狭义的行动，而是有所为、有所不为的品格、品位与判断力，即“品识力”。属“质”的“行”则是朴素的行动能力，是能够把事办成的一些技能，它不依附于文化和价值观念，即“践行力”。

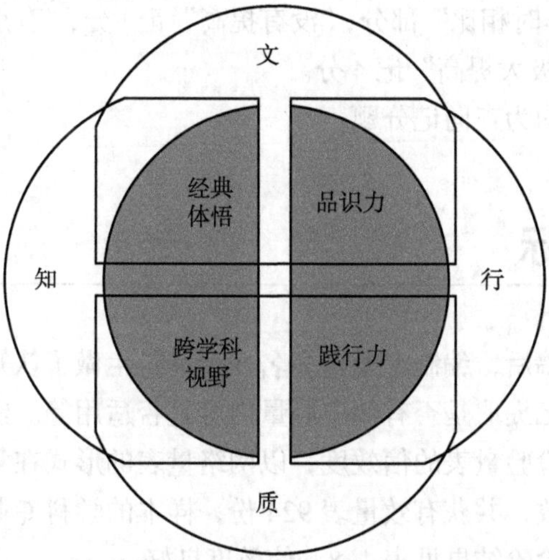

图 1–2　大学通识教育效果的理论框架示意图

从图 1–2 可见，上半部分属“文”的“知”（经典体悟）与属“文”的“行”（品识力）依赖文化传统和经典文本的系统传承，不同文明、国家的现代大学通识教育在这两个方面的具体实践各有不同。图 1–2 下半部属“质”的“知”（跨学科视野）和属“质”的“行”（践行力）回应了现代社会的需求，彰显着驾驭各种现代科学知识、响应职业岗位变化的可迁移技能，所以这两个面向是普世的。

2.2　量表的题项归属

整个量表包含 19 个题项，分为 4 个维度，具体题项分布见表 1–7。

表 1–7　量表题项构成

量表维度	题项
经典体悟	1、2、3、4、5
品识力	6、7、8、9
跨学科视野	10、11、12、13、14
践行力	15、16、17、18、19

2.3　答案选项和记分方法

（1）该量表采用李克特 4 点量表法进行记分，在每一道题目后的“自我评价”部分，“不同意”记 1 分，“有点同意”记 2 分，“同意”记 3 分，“非常同意”

记4分；在“与入学时相比”部分，“没有提高”记1分，“有点提高”记2分，“较大提高”记3分，“极大提高”记4分。

（2）所有题项均为正向记分题。

3. 测量学指标

该量表形成初稿后，编制者邀请多名在读本科生做了认知访谈，以确认题干表述是否清晰、记忆提取是否有效、测量内容是否适用等。经过几次修订，量表表述得以优化。为检验量表的信效度，以网络量表的形式在复旦大学选修通识核心课程的学生中发放，共获有效量表924份，样本的学科专业大类和性别代表性较好。量表信效度检验结果见表1-8，信效度良好。

表1-8 量表的信效度检验

维度	Cronbach's α 值	量表适配度指标
经典体悟	0.874	
品识力	0.815	χ^2=712.048，χ^2/df=4.877，RMSEA=0.069，NFI=0.929，IFI=0.941，CFI=0.941，AIC=922.038，BCVI=0.999
跨学科视野	0.847	
践行力	0.886	
量表整体	0.951	

参考文献

[1] 陆一. 把握通识教育的真实效果：“复旦大学通识教育学生调查”工具的研制与信度、效度检证[J]. 复旦教育论坛，2016，14（1）：23-30.（量表来源文献）

扫描二维码
获取量表

高校社会责任教育氛围评价量表

1. 概述

高校社会责任教育氛围评价量表由赵璐瑶于 2021 年编制而成。[1] 所谓高校社会责任教育氛围，实质上就是指高校在社会责任教育过程中，使学生能够感知到的，并对实现培养学生社会责任意识、能力和行为的目标产生影响的相对稳定的环境特征。简单来说，高校社会责任教育氛围是学校所营造的能够影响学生社会责任教育的氛围，是一种与特定结果相联系的氛围。它属于社会心理环境范畴，既是高校社会责任教育发挥作用的前提，也是高校对社会责任教育工作重视度和实施现状的真实写照。因此，评价高校社会责任教育氛围，对提高高校社会责任教育的有效性具有重要意义。

该量表是在广泛参考国外已有研究、成熟量表和专家意见的基础上编制而成的，其理论基础包括勒温的"场论"、[2] 穆斯的"社会环境结构论"、[3] 帕斯卡雷拉的"变化评价模型"理论[4] 和学习投入理论。[5] 经过信度和效度检验，发现该量表具有良好的结构效度、聚敛效度、区分效度和理想的信度指标。

2. 量表结构及实施方法

2.1　量表维度及内涵阐释

高校社会责任教育氛围评价量表包含师生关系、同伴关系、教学导向、学生发展、组织管理 5 个维度，具体内涵见表 1–9。

表 1-9　高校社会责任教育氛围评价量表维度内涵

维度	具体内涵
师生关系	社会责任教育过程中师生的交流互动质量
同伴关系	社会责任教育过程中同伴的交流互动质量
教学导向	教师对社会责任教育教学任务的安排和执行情况
学生发展	学生个人发展和自我增强的表现
组织管理	学校在组织管理方面对社会责任教育所进行的努力，或者对整个社会责任教育环节的运行所提供的支持与帮助、监督与服务

2.2　量表的题项归属

该量表共 46 个题项，涵盖表 1-9 中的 5 个维度，具体的题项归属见表 1-10。

表 1-10　高校社会责任教育氛围评价量表的题项归属

维度	题项
师生关系	1—5
同伴关系	6—11
教学导向	12—23
学生发展	24—35
组织管理	36—46

2.3　答案选项和记分方法

（1）该量表采用李克特 5 点量表法进行记分，数字大小代表认可程度高低：1 表示“完全不同意”；2 表示“比较不同意”；3 表示“不确定”；4 表示“比较同意”；5 表示“完全同意”。

（2）所有题项均为正向记分。

3. 测量学指标

为检验量表的信效度，编制者通过量表星将电子量表发送给认识的学生和教师，再请他们帮忙向其他学生推送。将量表的回收数量上限设置为 300 份，三天后回收有效量表 289 份，有效回收率为 96.33%。进一步统计分析后发现量表的克龙巴赫α系数（Cronbach's α）的一致性和稳定性非常理想，各维度的α系数都大于0.9（见表1-11）。

表1-11 高校社会责任教育氛围评价量表的Cronbach's α系数

维度	Cronbach's α值	基于标准化项的Cronbach's α值
师生关系	0.959	0.960
同伴关系	0.964	0.964
教学导向	0.980	0.980
学生发展	0.982	0.983
组织管理	0.971	0.972

编制时曾邀请相关领域的专家学者以及从事社会责任教育管理和教学的教师对量表的各题项进行审定，因此该量表具有良好的专家效度。

进一步采用验证性因子分析检验量表的结构效度，发现模型的拟合较好，具体见表1-12。

表1-12 高校社会责任教育氛围评价量表的结构效度拟合指数

拟合指数	χ^2/df	RMSEA	NFI	IFI	CFI	RFI	TLI	PNFI	PCFI	PGFI
数值	2.829	0.080	0.873	0.905	0.914	0.861	0.914	0.795	0.832	0.629

参考文献

[1] 赵璐瑶. 高校社会责任教育氛围评价与实证研究[D]. 合肥：安徽大学，2021.（量表来源文献）

[2] LEWIN K. Field theory in social science：Selected theoretical papers（Edited by Dorwin Cartwright）[M]. New York：Harpers，1951.

[3] MOOS R H. Systems for the assessment and classification of human environments：An overview [M]. CA：National Press Books，1974.

[4] PASCARELLA E T，TERENZINI P T. How college affects students：A third decade of research [M]. San Francisco：Jossey-Bass，2005.

[5] SCHAUFELI W B，MARTINEZ I M，PINTO A M，et al. Burnout and engagement in university students：A cross-national study [J]. Journal of Cross-Cultural Psychology，2002，33（5）：464-481.

扫描二维码
获取量表

第二章 学习体验

大学生在线课程学习体验量表

1. 概述

该量表由陈昊、谢清瑶于 2021 年编制而成。“互联网 +”教学已成为现代教育发展的重要方向。相比传统课堂教学，在线教学具有学习方式灵活便捷、学习资源丰富等优点，但不少人对在线学习能够取得与面授教学相当的效果表示怀疑。[1] 在线教学是否与线下教学等效，需要对在线教学的实际效果进行研判，其中学生的学习体验就是一个重要指标。该量表聚焦于在线教学，为评估学生的在线学习体验提供了一种有效测量工具。

2. 量表结构及实施方法

2.1 核心概念内涵

目前学界关于学习体验的内涵主要有 3 种观点：第一种是教育学视角下的学习体验，该观点认为学习体验是学生在课堂内外围绕课程学习所获得的经历和感受；[2] 第二种是心理学视角下的学习体验，该观点认为学习体验是学习者在亲历学习过程时所产生的主观感受；[3] 第三种是用户视角下的学习体验，人机交互人体工效学 210 部分（ISO9241-210）将“用户体验”界定为人们对于使用或期望使用的产品、系统或者服务的认知印象和回应。[4] 这一界定被在线教育领域广泛接受，由此催生了学习平台体验、在线课程体验、在线学习体验等概念，如学习平台体验包括与视听感官有关的感官体验、与行为有关的交互体验、与反思层有关的学习体验。[5]

综上所述，我们可以认为在线学习体验是学习者对在线教学过程、学习环境、学习结果的感知、反应和行为表现，包括学习效果感知及评价、教学活动、学习环境、学习任务等 4 个维度。[6]

2.2 量表维度题项归属

该量表共包含 43 个题项，涵盖在线学习体验的 4 个维度，题项分布见表 2–1。

表 2–1 量表题项归属

维度	题项
学习效果感知及评价	14、15、20、22、23、24、25、26、27、28、29、30、40、41、42、43
教学活动	1、2、4、5、7、9、10、11、12、13、16、17、18、19、
学习环境	31、32、33、34、35、36、37、38、39
学习任务	3、6、8、21

2.3 答案选项和记分方法

（1）问调查量表采用李克特 5 点量表形式，“非常不同意”记 1 分，“比较不同意”记 2 分，“不清楚”记 3 分，“比较同意”记 4 分，“非常同意”记 5 分。

（2）题项 3、6、14、15 采用反向记分，其他题项采用正向记分。

3. 测量学指标

该量表由澳大利亚《课程体验调查量表》（Course Experience Questionnaire，CEQ）修订而成。修订时，利用量表星平台以匿名的方式搜集数据，发放对象包括上海交通大学、哈尔滨工业大学、华南理工大学、四川大学、西南财经大学等 20 多所高校，回收量表 5 153 份，将基本信息漏答、填写同一答案、有规律性作答以及填写时间少于 60 秒的量表剔除后，最终获得有效量表 5 081 份。

3.1　区分度测试

对量表数据采取临界比率法进行区分度测试。将每位被调查者得分按升序排列后，取前 33% 数据编码为新值 1，后 33% 数据编码为新值 2，合并设定为高低分组。随后，将高低分组设置为分组变量，进行所有量表题项的独立样本 t 检验，发现无论是否假定等方差，所有题项 p 值均小于 0.05，即结果显著，表明量表中所有题项均有较高鉴别力。

3.2　因子分析

采取因子分析法测量量表的结构效度。首先，对数据做出相关性矩阵，结果显示 KMO 值为 0.981，大于 0.7，表示适合做因子分析。同时，Bartlett 球性检验 p 值处于 0.000 显著水平，即数据差异性检验达到显著水平，可以继续做因子分析。其次，对量表中的题项进行主成分因素分析，利用极大方差法进行正交旋转，得到特征值大于 1 的 4 个因子，累计方差贡献率达到 66.28%，大于 60%，表示能较好解释总体，并删除了载荷值小于 0.5 的 3 个题项。随后进行第二轮因子分析，得出 KMO 值为 0.980，Bartlett 球性检验 p 值处于 0.000 显著水平，检验效果良好。43 个题项最终收敛于 4 个主成分，将其重新命名为：学习效果感知及评价、教学活动、学习环境、学习任务。所有因子载荷均在 0.5 以上，表明因子分析效果良好。

3.3　量表信度检验

运用 Cronbach's α 计算量表的内部一致性，得出量表整体的 Cronbach's α 为 0.972。其中，分维度进行分析后，各个维度的 α 系数均大于 0.7（见表 2–2），表明量表信度较高。从量表各维度方差贡献率分析可以看出，量表的 4 个维度方差贡献率存在差异。

表 2–2　量表各维度信度值及方差贡献率

维度	题项数	Cronbach's α 值	方差贡献率 / %	累计方差贡献率 / %
学习效果感知及评价	16	0.968	24.786	24.786
教学活动	14	0.951	21.775	46.561
学习环境	9	0.947	15.564	62.125
学习任务	4	0.770	5.829	67.954

4. 应用情况

4.1 体验感分析

从量表总体调查结果看（见表 2–3），在线学习体验总体平均得分为 3.661 分，在线学习体验总体得分较高。从学习体验各个维度来看，“学习效果感知及评价”和“学习环境”总体平均得分分别为 3.987 分和 3.825 分，学生在这两个维度的体验最好。“教学活动”维度总体平均得分为 3.495 分，学生在这个维度的得分较低。而“学习任务”总体平均得分仅有 2.821 分，低于中值 3 分，学生体验欠佳。

表 2–3 量表总体及各维度描述统计量

维度	N	最小值	最大值	均值	标准偏差
学习效果感知及评价	5 081	1.00	5.00	3.987	0.799
教学活动	5 081	1.00	5.00	3.495	0.978
学习环境	5 081	1.00	5.00	3.825	0.913
学习任务	5 081	1.00	5.00	2.821	0.944
总体	5 081	1.00	5.00	3.661	0.651

4.2 不同变量间的差异性分析

（1）不同性别的学生存在差异。男生学习体验平均得分为 3.692 分，女生为 3.643 分，男生得分高于女生。不同性别的学生在“教学活动”与“学习环境”维度上没有显著差异，而在“学习效果感知及评价”和“学习任务”上有显著差异。

（2）不同类别的学校的学生存在差异。一流大学建设高校学生学习体验最好，一流大学建设高校学生学习体验得分（3.714 分）高于一流学科建设高校学生学习体验得分（3.695 分），非“双一流”建设高校学生学习体验得分最低（3.597 分），可见三类学校学生学习体验呈下降趋势。

（3）不同类型的课程存在差异。总体上来说，选修不同类型课程学生的学习体验存在显著差异，公共选修课得分最高，专业选修课和专业必修课其次，公共必修课得分最低。

（4）不同授课方式存在差异。学生在慕课教学、网络直播教学和在线互动教学中的学习体验较好，其中在线互动教学得分最高，为 3.733 分。学生自主学习的体验较差，得分仅为 3.237 分。

（5）不同学习时长存在差异。在“学习任务”维度，10 小时以内、20~30 小时、30~40 小时学习时长下的学习体验有显著差异，且 20 小时以下的学习任务最合适，30~40 小时的学习任务最重。由此看来，在线学习时间应该控制在合理范围之内，并与学习任务相匹配。

参考文献

［1］胡勇，赵凤梅．在线学习成效的理论分析模型及测量［J］．电化教育研究，2015（10）：37–45.

［2］王纾．中美研究型大学本科课程教学的比较研究：以学生课程学习体验为视角［J］．外国教育研究，2012（4）：111–119.

［3］万力勇，赵呈领，许梦．经验取样法（ESM）：促进真实情境下的学习体验研究［J］．远程教育杂志，2019（6）：19–31.

［4］International Organization for Standardization. Ergonomics of human-system interaction–Part 210：Human-centred design for interactive systems［S］. Switzerland：International Organization for Standardization，2010.

［5］刘述．用户视角下在线学习平台体验研究［J］．电化教育研究，2019（10）：47–52.

［6］陈昊，谢清瑶．大学生在线学习体验感及其差异性的实证研判［J］．中国大学教学，2021（12）：74–81.（量表来源文献）

扫 描 二 维 码
获 取 量 表

在线课程学习体验量表

1. 概述

该量表由张文兰、李莎莎于2021年开发。[1] 在线课程学习体验是近年来在线学习的一个重要研究方向。借助在线课程学习体验量表来评测学习者在在线课程中的学习体验和实际感受，是衡量在线学习有效性的重要途径。“体验”通常是指外界事物、情境所引起的当事人的内心感受，它既是一种活动，又是一种结果，是主体从亲身经历中获得的情感和认识。美国教育改革术语表（The Glossary of Education Reform）对学习体验的定义是：发生在学习过程中的任何交互、课程、环境等所产生的体验。最终，量表编制者将“在线课程学习体验”界定为学习者在在线课程学习交互过程中的感知与反应，包括学习者对课程环境、学习活动和学习效果等的感知。

2. 量表结构及实施方法

2.1 量表维度及内涵阐释

该量表共36个题项，包含课程环境体验、学习活动体验、学习效果感知3个一阶维度，以及功能与技术环境、内容与资源、课程结构与组织、学习支持与服务、评价方式、学习自由度、课程知识与能力、信息化学习技能、信息化学习态度9个二阶维度。量表各维度的具体内涵见表2–4。

表 2-4 在线课程学习体验量表构成维度及内涵

一阶维度	二阶维度	具体内涵
课程环境体验	功能与技术环境	课程学习平台功能完善、丰富，技术支持完备、有效
	内容与资源	学习内容及资源质量高、类型多样
	课程结构与组织	课程内容组织合理、目标明确
学习活动体验	学习支持与服务	课程平台、课程团队提供的学习支持
	评价方式	课程评价方式多样且有效
	学习自由度	在线课程的参与时间、地点及方式灵活多样
学习效果感知	课程知识与能力	对课程知识内容的掌握程度
	信息化学习技能	利用信息化的学习方式解决问题或开展在线协作等
	信息化学习态度	参与在线课程学习的倾向、兴趣及意愿

2.2 量表的题项归属

该量表的 36 个题项分属 9 个二阶维度，每个维度的题项数都在 3 个以上，具体分布见表 2–5。

表 2-5 在线课程学习体验量表题项归属

一级维度	二级维度	题项
课程环境体验	课程结构与组织	1.8—1.12
	功能与技术环境	1.1—1.4
	内容与资源	1.5—1.7
学习活动体验	学习支持与服务	2.1—2.7
	学习自由度	2.11—2.13
	评价方式	2.8—2.10
学习效果感知	课程知识与能力	3.1—3.4
	信息化学习技能	3.5—3.8
	信息化学习态度	3.9—3.11

2.3 答案选项和记分方法

（1）采用李克特5点量表形式，“非常不同意”记1分，“不同意”记2分，“一般”记3分，“同意”记4分，“非常同意”记5分。

（2）所有题项都是正向记分。

3. 测量学指标

该量表编制完成后，从西北、华北等地区共收集电子量表 426 份，其中有效量表 400 份，有效率为 93.9%。被调查者中男生 74 人、女生 326 人。利用 AMOS 24.0 软件，采用验证性因子分析法对在线课程学习体验量表的结构效度进行拟合优度检验。在结构方程模型中，设置了 36 个题项为观测变量，9 个因子为潜在变量；将数据导入 AMOS 模型中，利用极大似然法进行量表模型的识别和估计，各拟合指标分析如表 2-6 所示。可以看出，拟合模型在绝对配适度统计量（CMIN/DF、RMSEA）、增值适配度统计量（IFI、TLI、CFI）、简约配适度统计量（PNFI、PGFI）上均达到要求，模型的拟合度较好。

表 2-6　在线课程学习体验量表验证性因子分析结果

统计指标	CMIN/DF	RMSEA	IFI	TLI	CFI	PNFI	PGFI
拟合标准	1–3	<0.08	>0.9	>0.9	>0.9	>0.5	>0.5
拟合指数	2.660	0.064	0.915	0.904	0.915	0.771	0.689

总量表的 Cronbach's α 系数值和各维度的 Cronbach's α 系数值均大于 0.8（见表 2–7），说明量表具有较好的内部一致性信度。

表 2–7　在线课程学习体验量表信度统计表

维度	题项数	Cronbach's α 值	基于标准化项的 Cronbach's α 值
课程结构与组织	5	0.912	0.914
功能与技术环境	4	0.871	0.876
内容与资源	3	0.839	0.839
学习支持与服务	7	0.907	0.907
学习自由度	3	0.834	0.835
评价方式	3	0.812	0.812
课程知识与能力	4	0.908	0.908
信息化学习技术	4	0.869	0.869
信息化学习态度	3	0.841	0.842
总量表	36	0.968	0.968

参考文献

[1] 张文兰，李莎莎．在线课程学习体验量表的开发与检验［J］．现代教育技术，2021，31（2）：65-72.

扫 描 二 维 码
获 取 量 表

全日制教育硕士学习满意度量表

1. 概述

2020 年 9 月 25 日，国务院学位委员会、教育部印发了《专业学位研究生教育发展方案（2020—2025）》（以下简称《方案》）。《方案》中明确提出，要大力提升专业学位研究生教育质量。全日制教育硕士作为专业学位研究生教育的一种类型，于 2009 年开始正式实施，此后不断发展壮大。随着全日制教育硕士研究生发展规模的不断扩大，学生的学习满意度问题愈加成为全国教育专业学位研究生教育指导委员会和各培养院校关注的重点。

“全日制教育硕士学习满意度量表”的编制者吴明霞[1]在已有文献的基础上，假设课程教学、学研能力、实习实践、导师评价、学习环境和管理服务是影响全日制教育硕士学习满意度的关键因素，并以归因理论和顾客满意度理论为依据，通过“全日制教育硕士学习满意度量表”对不同人口背景的教育硕士学习满意度进行了研究。

全日制教育硕士主要是为满足中小学教育教学或管理工作需要而设置的专业学位类型，亦称教育专硕，其专业代码以 0451 和 0453 开头。

2. 量表结构及实施方法

2.1 量表维度及内涵阐释

学习满意度是满意度的一个分支，用来测评教育硕士在学习过程中获得满足的程度，具有相对性和稳定性的特点。该量表从课程教学、学研能力、实习实践、导师评价、学习环境和管理服务 6 个息息相关的维度来衡量学习满意度，以此来揭示学习体验是否达到学生的期望。各维度的具体内涵见表 2–8。

表 2-8　全日制教育硕士学习满意度量表构成维度及内涵

维度	具体内涵
课程教学	课程内容编排、设置、考核以及教师教学能力等
学研能力	学习、研究能力，如论文写作及发表、开题申报、专业操作能力等
实习实践	实习实践的环境、条件，对就职能力的提升等
导师评价	对导师的品德、学识、指导成效以及师生关系等的评价
学习环境	校园环境、科研氛围、国际交流、学校资源等
管理服务	就业指导、后勤管理、党团工作、评奖评优等服务

2.2　量表结构与题项归属

整个量表由 3 部分组成：第一部分为人口学变量，共 9 题。第二部分主要测量学习满意度的 6 个维度，共 39 题，包含学生对学习整体情况的评价一题。第三部分主要测量学生个人的学习期望情况，共 4 题，包括报考研究生的目的、目前关心的问题、就业前景和个人发展意愿等，以对学生学习满意度进行深入分析，具体见表 2-9。

表 2-9　量表题项归属

维度	题项
课程满意度	1—8
学研能力	9—14
实习实践	15—21
导师评价	22—28
学习环境	19—33
管理服务	34—38
学习整体情况	39

2.3　答案选项和记分方法

（1）采用李克特 5 点量表形式，“很不满意”记 1 分，“不满意”记 2 分，“一般”记 3 分，“满意”记 4 分，“很满意”记 5 分。

（2）所有题项都是正向记分。

3. 测量学指标

信度指的是量表所有题项的一致性或稳定性程度。采用 Cronbach's α 系数对课程教学、学研能力、实习实践、导师评价、学习环境、管理服务和学习总量表进行可靠性分析，发现量表各维度的 Cronbach's α 系数值均高于 0.8，总量表的 Cronbach's α 系数值高于 0.9（见表 2–10），说明量表的信度较好。量表的维度和题项参考了现有硕士研究生学习满意度问卷，具有良好的内容效度。

表 2–10　全日制教育硕士学习满意度量表信度指标

量表维度	Cronbach's α 值	题项数
课程教学	0.854	8
学研能力	0.857	6
实习实践	0.852	7
导师评价	0.828	7
学习环境	0.837	5
管理服务	0.818	5
学习总量表	0.910	38

参考文献

[1] 吴明霞. 全日制教育硕士学习满意度研究：以 Y 大学为例 [D]. 昆明：云南师范大学，2021.（量表来源文献）

扫描二维码
获取量表

思政慕课教学满意度量表

1. 概述

将慕课引入思政课教学，是当前高校思政课教学改革的一种尝试，目的在于探索一种既能发挥教师的主导作用，又可以发挥学生主体性、满足学生自主学习需要的混合式教学模式。当前，慕课背景下思政课混合式教学的学生满意度测量工具还是比较缺乏的。为此，林子荣和宋俭[1]通过梳理和归纳关于慕课及混合式教学满意度调研的文献，编制了基于慕课的思政课混合式教学满意度量表。

通过因子分析和信度检验发现量表包含 4 个主因子，具备良好的信效度，适合对大学思政慕课教学满意度进行测量。

2. 量表结构及实施方法

2.1 量表维度及内涵阐释

该量表包含慕课质量、交互水平、评价考核、教学效果 4 个维度，具体内涵见表 2–11。

表 2–11 思政慕课教学满意度量表维度的具体内涵

维度	具体内涵
慕课质量	慕课技术、资源素材、内容设计以及教学团队的水平，是慕课界面呈现给学生用户的直观体验，对该因子的满意度反映学生享受慕课学习服务的体验感
交互水平	慕课讨论和交互平台建设的现状
评价考核	慕课习题、考试的设置及评分规则等
教学效果	基于慕课的混合式教学模式改革对于学生学习效果、实体课堂参与度的影响以及实体课堂教学内容、方式改革的效果等

2.2 量表的题项归属

该量表共 28 个题项，涵盖表 2–11 中的 4 个维度，各题项归属见表 2–12。

表 2–12 思政慕课教学满意度量表的题项归属

维度	题项
慕课质量	1—11
交互水平	12—15
评价考核	16—21
教学效果	22—28

2.3 答案选项和记分方法

（1）采取李克特 5 点量表法记分，“非常不满意”记 1 分，“比较不满意”记 2 分，“一般”记 3 分，“比较满意”记 4 分，“非常满意”记 5 分。填答者在每一题项后选择符合自己实际情况的数值。

（2）所有题项均为正向记分。

3. 测量学指标

借助问卷平台，根据方便取样的原则，面向已经修学过思政课慕课的武汉大学本科生发放量表。网络调查近似于滚雪球抽样，即首先寻找一定数量的符合条件的武汉大学学生，将他们作为初步的调查对象，待完成调查后，再请他们将量表通过手机转发给有关同学，最终回收有效量表 1 249 份。量表的 Cronbach's α 内部一致性系数优良，各维度的 α 系数和整个量表的 α 系数都大于 0.9，见表 2–13。

表 2–13 思政课慕课教学满意度量表的 Cronbach's α 系数

维度	Cronbach's α 值
慕课质量	0.953
交互水平	0.928
评价考核	0.929
教学效果	0.956
总体	0.956

4. 应用情况

该量表曾在“武汉大学思政慕课教学改革满意度及影响因素”这一研究中使用，部分研究结果如下：

被调查学生对于思政慕课 4 个维度的满意度，由高到低依次为慕课质量、评价考核、交互水平、教学效果。这说明学生对于慕课技术水平、慕课资源素材、慕课内容设计和慕课教学团队的整体评价较高，对于慕课界面呈现给学生用户的视听、操作等直观体验较为满意，显示目前武汉大学所提供的思政课慕课质量受到了学生的肯定。而教学效果的满意度评价在 4 个影响因子中最低，说明慕课背景下思政课混合式教学改革对于学生思政课学习积极性、主动性的强化作用和学习效率的提升作用较为有限，学生对于实体课堂改革成效仍有更高期待。此外，交互水平作为影响满意度评价的重要因子，在满意度评价的 4 个因子中排序相对靠后，说明目前思政课课堂教学改革与实践应更加注重交互平台的建设。

参考文献

[1] 林子荣，宋俭．慕课背景下高校思政课教学改革满意度及影响因素研究：基于武汉大学 1 249 份调查问卷的实证分析 [J]．思想政治课研究，2020（2）：112–120.（量表来源文献）

扫 描 二 维 码
获 取 量 表

大学生在线课程学习满意度影响因素量表

1. 概述

在线学习作为一种新型学习模式，充分发挥了网络传播范围广、信息更新迅速等优势，实现了学习资源的共享，随时随地满足了学习者的学习需求。同时，国家对建设在线开放课程、建立学习型社会的支持，使得各类在线教育平台不断涌现。

“大学生在线课程学习满意度影响因素的调查量表”[1]假设学习动机、学习者自我管理、教师支持、课程设计、平台设计和学习者交互 6 个要素是影响在线课程学习满意度的关键因素，通过构建在线课程学习满意度测评的多指标结构方程模型，运用层次化结构设定测评指标，希望能够由表及里、深入清晰地表达在线课程学习满意度测评指标体系的内涵。

2. 量表结构及实施方法

2.1 量表维度及内涵阐释

大学生在线课程学习满意度影响因素的调查量表主要包含 6 个维度，各个维度的内涵如下。

学习动机：动机是由需要、外在条件和对它们之间关系的认识所决定的，当需要与满足需要的具体对象以及获得这种对象的途径相联系时，需要就会转化为从事活动的动机。动机是人进行活动的直接推动者，起着发动、调节、维持和中止活动的作用。而学习动机是指激发个体进行学习活动，维持已引起的学习活动，并使行为朝向一定学习目标的一种心理倾向或内部动力。它的需求是针对学习的，是个体在学习过程中感到某种欠缺并力求得到满足，并努力尝试与学习以达到既定目标的直接推动力。

学习者自我管理：齐默尔曼（Zimmerman）从学习动机（内在的）、学习方法（有计划的）、学习时间（定时有效）、学习的行为表现（有自我意识）、学习的物质环境（敏感、随机应变）、学习的社会性（合作、寻求帮助）6个方面对自主学习的实质做出了解释。[2]拥有自主学习能力的个体要不断地监控和调整自己的认知和情感，运用各种学习策略，包括创设环境、设定目标、管理时间、寻求帮助、采取学习策略和自我诊断来调整自己的学习活动，并营造学习环境，利用物质和社会资源，并能够寻求帮助。优秀的自我管理学习者就是具备高自主学习能力者。玛格丽特·马丁内斯（Margaret Maritnez）认为，学习者的学习倾向是引起个体学习差异的主要因素，他把在线课程学习倾向分为4种类型，分别是变通型、实干型、顺应型和逆反型，其中情感、自我管理和学习策略是影响在线课程学习者的学习成绩和个体学习差异的主要因素。[3]

教师支持：有研究指出，教师的教学风格会影响学生的参与。[4]还有研究把教师在教学过程中扮演的角色分为两种，一种是正式角色（教学存在），另一种是非正式角色（行为的存在）。[5]他的研究发现这两种角色对学习者的满意度和感知学习结果都有积极的影响。正式角色的职责包括设计课程、促进对话进行、指导学生通过认知过程产生有意义的学习结果。非正式角色的职责包括减少师生之间的社会心理距离，与学生进行交流，包括对学生使用专用称呼、具有幽默感、对作业进行及时反馈等。这些在学生学习过程中都会表现为教师所提供的支持。

课程设计：课程设计就是对课程的各方面作出规划和安排，涉及课程目标、课程内容、课程评价、课程结构等内容。[6]宏观上的课程设计解决的是基本理念的问题，中观的课程设计体现在课程设置和编制上。一般来说，这两个层面的设计主体都是教师，教师需要针对学生群体对课程进行再设计，包括运用课程资源、安排课程进度、实施课程计划等。

平台设计：在在线课程的学习过程中，平台是学习的中介，所有的教与学的行为都以它为媒介展开。在线课程平台使学习者能够在分类目录下快速找到自己想要学习的专业和课程，节省了学习者进行大范围查找和筛选的时间。但是提供课程仅仅是平台的一个最基础的功能，如果平台只呈现课程，而没有其他功能，那么在线学习的效果将远远比不上传统学习。研究表明，学习平台的设计影响着在线课程功能的实现，影响学习者学习目标的实现，进而影响在线课程学习的满意度。[7][8]一个好的学习平台除了要具备课程信息发布、学习资源共享等基本功能外，还要有交流、答疑和在线测试等功能。

学习者交互：科尔曼（Coleman）的研究证明，与个人学习相比较而言，在群体中进行学习更加有效。[9]传统课程通过发生在休息时间的对话，建立起集体意识，培养个体对整个学习集体的归属感。金尼（Kinne）认为，尊重分歧是激发思想的有力武器，群体合作学习、对话交往使学习者能够共享信息资源，共享冲突，在集体中释放比赛、表演或从众等欲望，培养对集体的情感认同。[10]但是调查表明，在线课程学习者缺乏一种集体意识。[11]因此，奎塔达莫（Quitadamo）和布朗（Brown）的研究证明了学习共同体的重要性，他们认为人际互动的质量是决定在线课程学习能否成功的主要因素。[12]远程教学交互理论也说明人际交互能够营造积极的学习氛围，使学习者保持学习兴趣，维持注意力，而人际互动包括同伴互动和师生互动。

2.2 量表的题项归属

学习满意度包括对学习效果的评价和对课程的评价，也就是学习效果满意度和课程满意度，共计 5 个题项；学习者因素包括学习动机和学习者自我管理，共计 6 个题项；教师因素包括专业素养和教学指导，共计 5 个题项；课程因素包括内容形式等方面，共计 5 个题项；环境因素包括平台设计和学习者交互，共计 6 个题项。具体题项的安排见表 2-14。

表 2-14 量表题项归属

量表结构		题项
学习者因素	学习动机	1
	学习者自我管理	2—6
教师因素	教师支持	7—11
课程因素	课程设计	12—16
环境因素	平台设计	17—19
	学习者交互	20—22
学习满意度		23—27

2.3 答案选项和记分方法

该量表采取李克特 5 点量表法进行记分。1 表示“非常不符合”，2 表示“不符合”，3 表示“一般”，4 表示“符合”，5 表示“非常符合”。

3. 测量学指标

“大学生在线课程学习满意度影响因素量表”主要包括6个方面：个人基本信息、学习者因素、教师因素、课程因素、环境因素和学习满意度，共计31个题项。其中“个人基本信息”调查的是一种客观事实，不需要进行信度检验，仅需对其他5个方面进行信度分析。通过SPSS17.0软件对调查量表进行可靠性分析，即信度检验，得出该量表的Cronbach’s α为0.894，由此可知该量表内部一致性信度较高。

量表的效度指的是衡量量表在多大程度上符合研究主题的程度。采用结构效度检验法，通过SPSS17.0软件把调查结果做因子分析，提取具有代表性的因子，结果显示各因素负荷大于0.6，证明该量表的结构效度较好。

参考文献

［1］陈惠惠．大学生在线课程学习满意度的影响因素探析：基于南京市多所大学的调查［D］．南京：南京师范大学，2017.（量表来源文献）

［2］ZIMMERMAN B J. Attaining self-regulation：A social cognitive perspective［R］// BOEKAERTS M，PINTRICH P R. Handbook of self-regulation［M］. New York：Academic Press，2000：13-39.

［3］MARTINEZ M. Mass customization：Designing for successful learning［J］. International Journal of Educational Technology，2001（2）：1-3.

［4］WEBSTER J，HACKLEY P. Teaching effectiveness in technology-mediated distance learning［J］. The Academy of Management Journal，1997，40（6）：1282-1309.

［5］ARBAUGH J B. Sage，guide，both，or even more?：An examination of instructor activity in online MBA courses［J］. Computers & Education，2010，55（3）：1234-1244.

［6］丛立新．课程论问题［M］．北京：教育科学出版社，2000：253.

［7］王纯．在线课程的学习满意度调查及对策分析——以《信息技术与课程整合案例研究》为例［D］．武汉：华中师范大学，2014.

［8］王洪岩．MOOC中的学习行为挖掘研究［D］．济南：山东大学，2016.

［9］COLEMAN M R，GALLAGHER J J，NELSON S. Co-Operative learning［J］. Gifted Child Today，1993，16（5）：23-25.

[10] KINNE L J, EASTEP S M. Instructional design in online learning: Components of Quality [J]. Kentucky Journal of Excellence in College Teaching and Learning, 2008 (6): 1–19.

[11] TOLEDO C A. "Does your dog bite?": Creating good questions for online discussions [J]. International Journal of Teaching and Learning in Higher Education, 2006, 18 (2): 150–154.

[12] QUITADAMO I J, BROWN A. Effective teaching styles and instructional design for online learning environments [C]. National Educational Computing Conference, Chicago, IL, 2001.

扫描二维码
获取量表

大学生英语翻转课堂学习的满意度及其影响因素量表

1. 概述

翻转课堂（Flipped Classroom，或 Inverted Classroom）是指由教师创建视频，学生在家中或课外观看视频中教师的讲解，然后回到课堂上进行面对面交流和完成作业的教学形态。2007 年，美国科罗拉多州林地公园高中（Woodland Park High School）的化学老师乔纳森·伯格南（Jonathan Bergnann）和阿伦·萨姆斯（Aaron Sams）开始在课堂上采用翻转课堂进行教学，并推动美国中小学教育使用这一模式。随着互联网的发展和普及，这一模式逐渐在高等教育领域内得到推广。翻转课堂是一种新型的混合式教学模式，这种教学模式让学生在课前利用以教学视频为主的学习资源完成对知识的初步学习，课上则通过师生、生生协作探究和互动交流的形式实现对知识的进一步内化。

“大学生英语翻转课堂学习的满意度及其影响因素量表”[1] 从学生自评的角度调查大学英语翻转课堂学习的满意度及影响满意度的因素。该量表基于顾客满意度理论、[2] 自主学习理论[3] 和环境结构理论，[4] 把翻转课堂大致分为“课前”“课中”“课后”3 个阶段，分别测量学生对这 3 个阶段的整体满意度。在满意度影响因素量表中，将影响因素分为“感知质量”“感知价值”“学生预期”“自主学习能力”4 个维度，“感知质量”维度又分为“人际关系”“个人发展”“系统维持与变化”3 个子维度。

2. 量表结构及实施方法

2.1 量表维度及内涵阐释

1）学生满意度

满意是一种心理状态，指的是一个人对一段关系质量的主观评价。该量表中的学生满意度是指学生经历翻转课堂的学习后，对翻转课堂这一教学模式的整体评价。翻转课堂不同于普通的产品或者服务，其功能也比普通产品或服务更加复杂，不仅要带给学生实际的学习价值，还涉及一定的情感体验，其评价指标具有多样性。为充分了解大学生对翻转课堂的满意度，该量表依据翻转课堂的实施进程将其满意度分为课前满意度、课中满意度和课后满意度3个部分，并对各个部分进行观测维度的细化。课前维度中涉及慕课平台的使用情况、视频的质量、课前活动任务的设置、师生互动以及生生互动等；课中阶段包括课堂环境布置、教学环节设计、教师授课质量、课堂互动氛围、电子设备运用等；课后阶段包括课后活动安排、学生情况反馈与跟踪、课后互动行为等。通过各阶段满意度观测维度的细化，该量表可更加真实、具体地探究学生的满意度。

2）感知质量

在经济学领域，感知质量主要表现为3个方面，即质量的顾客化、质量的可靠性和质量的总体评价。教育行业不同于商业，翻转课堂也不能被简单地定义为某种商品或者服务，其感知质量的观测维度需要依据翻转课堂的特点及学生特征进行更加科学的划分。该量表的感知主体是大学生英语学习者，感知的对象是与英语学习相关的翻转课堂。因此，量表中的感知质量是指大学生英语学习者在参与翻转课堂的过程中所实际感受到的翻转课堂质量。

为了更加科学清晰地划分感知质量的维度，该量表参照Moos的环境结构理论以及相关研究成果，将感知质量的评判标准划分为3个子维度，即对人际关系的质量感知、对个体发展的质量感知、对系统维持与变化的质量感知。人际关系的质量感知包括学生凝聚力、教师支持和参与程度；个体发展的质量感知包括任务取向、调查研究、合作和年轻人精神；系统维持与变化的质量感知包括公平、个性化和技术平台的使用。

3）感知价值

在教育领域，学生的感知价值很少与价格有关，而是通常与“学习效率”相关。在翻转课堂环境中，大学生英语学习者的感知价值产生于其对“付出”与

“收获”的比较。这里的“付出”主要指学习时间，而不是金钱；“收获”主要指知识的掌握、能力的提高。对学生感知价值的观测分两个方面：相同学习时间下采用翻转课堂模式是否帮助学生掌握了更多知识，实现了能力提升；对于相同的知识学习和能力习得，采用翻转课堂模式是否能促进学生更加快速地掌握相关知识、获得某项能力。

4）学生预期

学生预期是指学生在参加翻转课堂前对于翻转课堂应该达到什么样的质量标准，应该满足其什么样的需求的期望。学生预期的具体观测指标为对人际关系、个人发展、系统维持与变化的预期以及对翻转课堂总体质量的预期。

5）自主学习能力

自主学习能力的测量维度众多，进行穷尽性的研究显然是不可能的。该量表中的自主学习能力包括学生的自我监控能力、自我计划能力、自我效能、学习责任感、学习态度和学习动机6个方面。

2.2 量表适用范围

该量表的调查对象是大学生英语学习者，这里的翻转课堂并非无所不包，而是具有一定的课程类型限制。具体而言，就英语专业来说，包括基础英语课程、高级英语课程、视听说课程、翻译写作课程、语言学课程、英美国家文学课程等；就非英语专业来说，主要指通用英语课程、专门用途英语课程（学术英语、学科英语）、跨文化交际英语等。

2.3 量表的题项归属

整个量表包含满意度量表和满意度影响因素量表两部分，共包含39个题项，题项分布见表2–15。

表2–15 量表题项构成

量表维度			题项
满意度	课前		2、3、5、6、9、11、16
	课中（课堂）		1、4、7、10、13、15
	课后		8、12、14、17、18
满意度影响因素	感知质量	人际关系	19、20、36
		个人发展	21、24、26、35
		系统维持与变化	25、31、32
	感知价值		28、30
	学生预期		23、27、29、33
	自主学习能力		22、34、37、38、39

2.4 答案选项和记分方法

（1）采用李克特5点量表法记分，在每一道题目后，有1~5的数值选项，程度依次递增。在满意度量表中1~5分别表示“非常不满意”“不满意”“一般满意”“满意”“非常满意”；在满意度影响因素量表中，1~5分别表示“非常不赞同”“不赞同”“一般赞同”“赞同”“非常赞同”。学生在每一道题后选择符合实际情况的数值。

（2）所有题项均为正向记分。

3. 测量学指标

学生满意度初始量表包含20个题项，学生满意度影响因素初始量表包含22个题项。为辅助调查，以及了解学生更加真实的主观感受，在数据的实测阶段，随机抽取了10名学生和2名教师进行半结构式访谈，访谈采用面对面和在线语音两种形式。初始量表的调查对象是拥有英语学习翻转课堂经历的3所综合性高校本科生，发放量表170份，回收后进行质量筛选，删除了存在缺失项的5份量表和多个题项具有同样分数的8份量表，最终得到有效量表157份，量表有效率为92.35%。将收集到的量表按照1∶3的比例进行划分，利用SPSS 22.0对其中的40份进行探索性因子分析，利用AMOS 17.0对117份进行验证性因子分析，最后得到正式施测量表，其中学生满意度量表包含18个题项，学生满意度影响因素量表包含21个题项。

正式调查时选取了南京市的4所高校中部分有反转课堂学习经历的学生，包括两所综合类院校和两所普通院校。涉及的翻转课程不仅包括“大学英语学术写作”“大学英语学术阅读”“学术交流英语”“英汉互译方法与技巧”，还包括两门双语课程，即“国际贸易实务”和“数字信号处理”。量表包括线上电子量表和线下纸质量表，共发放400份，剔除无效量表后，共回收有效量表361份，有效回收率达到90.25%。对有效量表的数据处理和分析结果表明该量表具有良好的信度与效度（见表2–16）。

表2–16 量表的信效度检验

分量表		Cronbach's α值	量表适配度指标
满意度	课前	0.936	CMIN/DF=2.882，GFI=0.917，AGFI=0.915，RMSEA=0.081，NFI=0.910，IFI=0.927，CFI=0.927
	课中（课堂）	0.931	
	课后	0.943	

续表

分量表		Cronbach's α 值	量表适配度指标
影响因素	人际关系	0.930	CMIN/DF=3.397，GFI=0.837，AGFI=0.797，RMSEA=0.091，NFI=0.901，IFI=0.924，CFI=0.924
	个人发展	0.938	
	系统维持与变化	0.927	
	感知价值	0.807	
	学生预期	0.878	
	自主学习能力	0.955	

4. 应用情况

量表编制者[1]对南京市 4 所高校的部分学生开展调查，并结合质性访谈对大学生英语翻转课堂学习的满意度及其影响因素进行综合分析，研究结果如下：

（1）学生对翻转课堂各个阶段的满意度均超过了一般水平，课前、课堂、课后满意度的均值分别为 3.36、3.56、3.35。从具体内容来看，学生对翻转课堂中教师教学工作的满意度较高，但对于同伴互助的满意度较低，学生在翻转课堂中并未充分感受到来自同伴的帮助与支持。

学生的课前、课中和课后满意度两两之间都存在正相关关系，且属于高度相关（相关系数均大于 0.8），其中课前和课中的满意度相关程度最高。这在一定程度上表明，翻转课堂的课前、课堂和课后阶段构成了一个相互影响的整体，学生在某个阶段的满意度会对其他两个阶段的满意度产生影响。

（2）不同性别、专业、年级和英语水平的学生对课前、课堂和课后各阶段的满意度都存在明显差异。具体表现为，男生对各阶段的满意度都高于女生。非英语专业学生对翻转课堂课前、课中和课后的满意度均高于英语专业学生。在课前满意度方面，大一学生最高，其次为大三、大四和大二学生；对于课堂满意度，大一学生最高，其次为大四、大三和大二学生；就课后满意度而言，大一学生最高，其次为大三、大四和大二学生。中等水平学生对翻转课堂各阶段的满意度最高，低水平学生的满意度最低。

（3）在满意度影响因素中，学生对翻转课堂的感知质量的影响力水平最高，其次为感知价值、学生预期，最后为自主学习能力。可以对学生满意度产生显著正向影响的因素包括感知质量和感知价值，学生预期和自主学习能力虽然不直接对满意度产生显著影响，但却能够通过影响感知质量和感知价值对学生的满意度产生间接的正向影响。

（4）从性别角度分析，男生对翻转课堂的期待度、感知质量、感知价值和自主学习能力水平总体上高于女生，但男生、女生在对学生凝聚力的质量感知、课堂参与度的质量感知、学习重难点的把握、探究力的提升、自我计划能力是否提升的评价上并不存在显著差异。从专业角度分析，翻转课堂各影响因素在专业水平上存在显著差异，表现为非英语专业高于英语专业。从年级角度分析，大一学生对翻转课堂的期待值最高，其次为大三和大四，最低为大二；大一学生的感知质量水平最高，其次为大二、大三、大四学生；大四和大一学生的感知价值水平相当，最低的为大二学生。此外，在该研究中，大一学生表现出较高的自主学习能力，其次为大四和大三学生，大二学生最低。

参考文献

[1] 丁玲. 高校本科英语学习者的翻转课堂满意度及其影响因素研究［D］. 南京：南京邮电大学，2020.（量表来源文献）

[2] ANDERSON E W，FORNELL C，LEHMANN D R. Customer satisfaction，market share，and profitability：Findings from Sweden［J］. Journal of Marketing，1994（3）：53-66.

[3] ZIMMERMAN B J. A social cognitive view of self-regulated academic learning［J］. Journal of Educational Psychology，1989（3）：329-339.

[4] MOOS R. Evaluating educational environments：Procedures，measures，findings and policy implications［M］. San Francisco，CA：Jossey-Bass，1979.

扫描二维码
获取量表

中国版大学生就读经验调查量表

1. 概述

“美国研究型大学学生就读经验调查”（Student Experience in the Research University，SERU）量表以建构主义学习理论与阿斯廷（Astin）[1]的学生卷入理论为基础，参照奇克林的“良好本科教育七原则”[2]和佩斯（Pace）[3]的“努力质量”等就读经验相关理论编制，经历了十几年的发展与完善，可以保障量表本身的效度。从 2002 年第一次在加州大学实施调查开始，至今已实施多次大规模调查，调查者在量表的发放、回收以及数据处理方面经验丰富，方法成熟，量表的信度良好。有关 SERU 调量表的信息可见网站 https://cshe.berkeley.edu/seru（2023.5.5）。

“中国版大学生就读经验调查量表”（SERU-China）[4]以 SERU（2008 版）为基础进行编制。SERU（2008 版）量表包含 5 大部分：第一部分为学生时间分配情况、学生学习成果获得、学术学习活动参与、校园氛围、满意度和对教育经历的评价 6 个方面；第二部分是学生的背景信息和个人特征；第三部分为学生公民活动参与情况；第四部分为学生今后的打算和对种族、性别等问题的态度；第五部分为调查学校依据自己学校情况灵活设置的板块。SERU-China 以 SERU（2008 版）为主体，从中抽取部分题目进行汉化，并结合美国“全国大学生学习性投入调查”（National Survey of Student Engagement，NSSE），大学生体验问卷（College Student Experiences Questionnaire，CSEQ）量表以及中国文化、国情完成编制工作。

2. 量表的文化适应

作为高等教育组织的大学是社会文化体系的一部分，作为一种社会行为的学生学习活动和作为一种复杂社会活动的大学教育无不与其所在的社会文化体系密切相关，因此任何一个源自特定文化的测量工具若要在另一种社会文化中使用，不可避免地都会面临文化适应问题。SERU-China 主要在量表板块、量表题项和选项上进行修订以适应中国文化。

SERU（2008 版）量表包含 5 大版块，有 33 页之多。量表中的许多问题涉及宗教、性倾向、移民、支持政党态度、公民教育等调查内容，这些内容不太适合中国文化和国情。因此，修订后的 SERU-China 中文量表主要采用 SERU（2008 版）量表的第一部分，把英文量表中一些分散的题目合并为中文量表的一个版块。英文量表中有关学生参加研究活动的情况、课堂参与情况、师生互动情况、学生协助学习情况、对学术研究的态度原本分散在量表的第一部分，SERU-China 将其按照顺序组合成学习与研究活动板块。

在学习时间分配上，英文量表分为上课、讨论或在实验室学习的时间以及教室以外的学习时间两类。SERU-China 把学习时间分为课堂内的学习时间以及自习及其他课堂外的学习时间两类。在研究活动参与方面，英文量表有 199 与 99 两类课程的参与，中国并没有对应的课程，因此把这两题删除。另一组题是关于大学生在教师指导下进行的创新性项目（Creative Projects）的，中国高校目前有与之相对应的创新训练计划，因此在翻译时选择了学生熟悉、易懂的词语。英文量表中的校园组织包括骷髅会、兄弟会等美国大学特有的学生组织以及某些宗教团体，SERU-China 予以剔除，相应地将在中国高校中存在的学生团总支、青年志愿者协会等加入量表中。英文量表中的社会公益活动包含“K-12”等美国特有的志愿活动，SERU-China 用支教等相似活动予以代替。英文量表中有关宗教的公益活动在 SERU-China 中用献血、福利院公益活动等符合中国国情的选项代替。

英文量表中学生学习成果部分的题目选项为“Very poor”“Poor”“Fair”“Good”“Very good”“Excellent”6 项。在进行翻译时，把 6 个选项按照李克特 5 点量表法进行划分，把“Fair”作为中间选项，左右各保留两个方向相反但程度相当的选项。在调查学生课堂参与度、师生互动、学生间协作的题项中，英文量表同样给出 6 个选项，其中被调查学生一致反映中间的“Occasionally”与“Somewhat often”两项翻译成中文后意思非常接近，所表达的意思没有区分度，因此在最终的 SERU-China 里将其合并为一项。

3. 量表内容

SERU–China 共包含 102 道题项，由个人信息、时间分配、学习与研究活动、校园活动与社会活动、满意度、学习产出 6 部分组成。

个人信息部分的内容包括学生性别、生源地、年级、是否为独生子女、是否为少数民族、所在省市、专业、性格、在校平均成绩、双亲学历状况、双亲职业状况、家庭年收入。在选项设置方面，个人信息中的生源地设置了城市、乡镇、农村 3 个选项，家庭所在省份与专业设置为开放题，在后面统计中予以归类。父母亲学历状况按学历由低到高设置 5 个选项，其中高中与中专并列为一个选项，本科与大专并列为一个选项。家庭年收入按照 2010 年中国统计年鉴进行数据划分，共分为 8 个层次。

时间分配部分的内容包括学生一周内课内外学习时间、兼职时间、校园活动时间、休闲娱乐时间和每天睡眠时间，其中休闲娱乐时间包括业余爱好花费时间、社交时间、电脑休闲时间、其他休闲娱乐时间、锻炼身体时间。除睡眠时间外，以 5 小时为单位从零小时向 30 小时递增，睡眠时间则以 2 小时为单位递增。

学习与研究活动部分由协助老师进行研究活动、参与老师指导下的创新活动、是否得到老师帮助、有无读研计划、学习中的消极表现、学习努力度、师生互动、学生间协作学习、课堂参与度、研究机会与资源重要性 10 大模块组成。前 4 大模块的题目选项为“有”和“没有”两项，余下 6 大模块题目的选项按李克特 5 点量表法设置。

校园活动与社会活动部分包括学生组织参与情况、社会服务活动参与情况。学生组织分为学术类社团、兴趣爱好社团、运动队、学生会团总支、校园媒体、青年志愿者协会 6 种，选项为“成员”“领导者”“都不是”3 项。社会活动的调查通过一道多选题来完成，该题包含“学校支教”“献血”“医院”“救助站”“福利院”“公益组织”“运动会”“其他”“没有做过”9 个选项。

满意度部分包括学生对在读学校的认同感、大学社会经历满意度、大学学习经历满意度、大学期间平均成绩满意度、专业课程设置满意度、获得老师和学长帮助的满意度、获得学习和研究资源的满意度。按照从低到高的顺序设置了 6 项选项。

学习产出部分让学生对入学初和当前阶段的分析与批评思维能力、写作能力、外语能力、口头表达能力、人际交往能力、欣赏理解民族多样性能力等 19

项能力进行自评。每一项能力都在两个阶段上按从高到低的顺序分别设置了5个选项。

4. 测量学指标

SERU-China在正式施测之前进行了样本量为60人的试测，收回有效量表56份。采用SPSS19.0对试测量表进行统计分析，对巴特利特球体检验达到显著性水平、KMO测度在0.7以上的版块（学习与研究活动版块、满意度版块、学习产出版块）进行因子分析，运用方差最大值方法（正交旋转–Varimax）对各版块题目进行主成分分析，删除无效题项（单个题目主成分因子小于0.5或者有两个大于0.5）。此外，研究者在试测过程中还对于量表语言表达的准确性与被调查者进行了交流，以便使题干与选项更加易懂，避免因不当表达而产生歧义。正式施测时，采用方便抽样方式在南京大学、东南大学、南京师范大学3所大学各发放量表200份，合计600份。收回量表535份，回收率为89.17%。剔除无效量表，得到有效量表521份，有效量表率为86.83%。量表整体可靠性较高，其中学习与研究活动、学生满意度、学习产出部分的Cronbach's α值分别为0.806、0.817、0.928。

5. 应用情况

屈廖健采用该量表开展了“研究型大学本科生就读经验的中美比较”研究，其中美国大学生的量表数据来源于SERU项目组在2008年春季对加州大学9所分校的162 000名本科生进行的调查，共有63 600名本科生完成量表。国内大学生的量表数据来源于南京大学、东南大学、南京师范大学3所大学的521份有效量表。国内调查的主要结果如下：

①在时间分配方面，中国学生花费在学习上的时间较长，平均每人每周花费36.4小时。兼职时间短，每周仅2.2小时。②在学习与研究活动参与方面，学生缺乏协助教师进行研究的经历，但以获得学分的形式参与创新活动的人数较多。此外，中国学生缺乏与教师的交流，与同学协作学习的机会也不多。与此相对应的是绝大部分本科生认为大学期间的学术和研究经历对自己的成长很重要。③在校园与社会活动参与方面，本科生踊跃参加各类校园活动，兴趣爱好类社团最有吸引力，而学生会与团总支的学生干部比例最大。公益组织是最多本科生选择的

社会活动场所。④在学生满意度方面，不到一半的学生比较认同其目前就读的大学，对学校的整体满意度以及各项学习、研究支持状况的满意度都不高。大学平均成绩高的学生对学校的满意度高于平均成绩低的学生。⑤在学习成果自评部分，除外语能力与写作能力外，在 17 项能力上，认为自己目前处于好或很好水平的学生比例高于入学初处于好或很好水平的学生比例。其中电脑技能、分析批判思维能力、学术资料阅读理解能力提高较大。

参考文献

[1] ASTIN A W. Student involvement: A developmental theory for higher education [J]. Journal of College Student Development, 1984 (40): 518–529.

[2] CHICKERING A W, GAMSON Z F. Seven principles for good practice in undergraduate education [J]. AAHE Bulletin, 1987 (7): 3–7.

[3] PACE C R. Achievement and the Quality of Student Effort [M]. Washington, DC: Department of Education, 1982.

[4] 屈廖健. 研究型大学本科生就读经验的中美比较研究 [D]. 南京：南京师范大学，2012.（量表来源文献）

扫 描 二 维 码
获 取 量 表

第三章 大学生学习力

大学生学习力量表

1. 概述

学习力是指在大学生自身的品质和能力与大学环境相互作用而导致知识、认知、技能、情感等方面发生持久变化的过程中发挥作用的能力与能量的总和。“大学生学习力量表”[1]（College Student Learning Power Inventory，CSLPI）为“国家大学生学习情况调查研究”（NCSS）[2]的子量表，它以学习心理理论为基础，结合中国大陆高校大学生学习的实际特点，并通过对大学生进行访谈以及咨询领域内专家，不断修正和发展相关题项。该量表具体包括 7 个维度：学习驱动力（意义驱动力、应用驱动力），学习策略力（认知策略力、调控策略力），学习行动力（课堂参与、课后参与、同伴互动），知识力，认知力，技能力和情感力。

2. 量表结构及实施方法

2.1　量表维度及内涵阐释

学习力具体包括学习驱动力、学习策略力、学习行动力、知识力、认知力、技能力和情感力 7 个维度，其中前 3 个是过程变量，后 4 个是结果变量。它们之间的关系如图 3–1 所示。

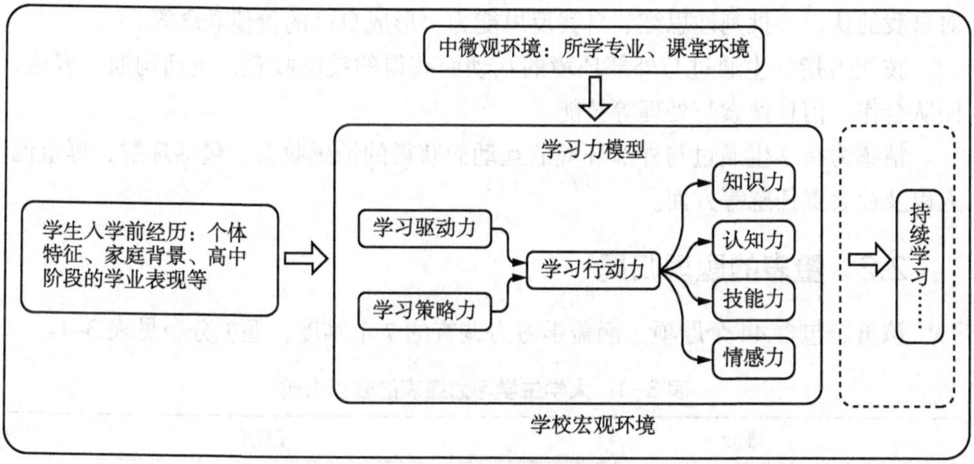

图 3-1　大学生学习力模型

7 个维度的具体内涵如下：

学习驱动力指驱动学生主动学习的内在力量。研究者发现大学生有 4 种学习模式，即无向学习、再现导向学习、意义导向学习和应用导向学习。无向学习模式属于缺乏驱动力和监管的学习，学习者常常对学习无所适从。再现导向学习模式是指学习者学习的目的只为通过考试或测试，认为学习只是将外部知识放入大脑，只注重知识的再现，也缺乏驱动力。因此，学习驱动力主要是指意义导向的驱动力和应用导向的驱动力。其中，意义导向驱动力主要是指学习的兴趣、好奇心、问题意识的驱动，而应用导向驱动力则是指学生赋予学习的应用价值，认为学习能够给自己带来实际效用，学习具有应对实际需要、解决实际问题、实现自我发展、提升综合能力和更加全面地看待问题等作用。

学习策略力指辅助学生更有效、更有意义地学习以实现学习目标的手段。学习策略力主要包括认知策略力和调控策略力。具体而言，认知策略力是指学生在学习时能够与先前经验联系起来，试图理解学习内容，并建构起自己的认识，同时也会对所学的知识提出自己的疑问；调控策略力是指学生能够合理规划、调控自己的认知学习过程。

学习行动力指学生在内在需要的驱动下，运用学习策略与外部环境发生互动的行为表现。学生的学习行动力主要包括学生对课堂内外学习活动的参与以及师生互动和同伴互动。

知识力指学生通过与外部环境的互动而获得的与学科知识相关的收获，包括本专业的基本理论、前沿知识、实际操作知识、与工作相关的知识等。

认知力指学生通过与外部环境的互动而获得的认知、观念方面的收获，包括对自我的认识、批判性思维、自我反思能力、形成自己的价值观念等。

技能力指学生通过与外部环境的互动而获得的技能收获，包括沟通、表达、团队合作、信息搜索与处理等技能。

情感力指学生通过与外部环境的互动而获得的情感收获，包括理解、尊重他人以及社会责任感等方面。

2.2 量表的题项归属

该量表包含44个题项，涵盖学习力调查的7个维度，题项分布见表3-1。

表3-1 大学生学习力量表的题项构成

维度		题项
学习驱动力	意义驱动力	6—9
	应用驱动力	1—5
学习策略力	认知策略力	10—13
	调控策略力	14—18
学习行动力	学术性参与	39—44
	同伴互动	19—22
知识力		23—26
认知力		27—29、38
技能力		34—37
情感力		30—33

2.3 答案选项和记分方法

（1）采用李克特6点量表法进行记分，在每道题目后，有1~6的数值选项，所代表的程度依次递增，分别为“完全不同意”“不同意”“比较不同意”“比较同意”“同意”“完全同意”（具体用语依题目而定），由学生在每道题后选择符合实际情况的数值。

（2）所有题项均为正向记分。

3. 测量学指标

经过严格的开发与验证程序，量表的信效度稳定良好。量表编制者从“国家大学生学习情况调查研究”（NCSS）2017 年本科数据库中随机抽取 5%，得到 3620 个有效样本用以验证量表结构。量表结构的整体拟合指标及 Cronbach's α 信度值见表 3–2。

表 3–2 大学生学习力量表的测量学指标值

维度	量表模型的整体拟合指标				Cronbach's α 值
	GFI	SRMR	CFI	RMSEA	
学习驱动力	0.963	0.044	0.974	0.078	0.913
意义驱动力	—	—	—	—	0.866
应用驱动力	—	—	—	—	0.919
学习策略力	0.974	0.026	0.980	0.066	0.914
认知策略力	—	—	—	—	0.877
调控策略力	—	—	—	—	0.905
学习行动力	0.966	0.043	0.971	0.074	0.892
学术性参与	—	—	—	—	0.863
同伴互动	—	—	—	—	0.880
知识力	0.981	0.019	0.966	0.076	0.938
认知力	0.999	0.003	1.000	0.018	0.914
技能力	0.993	0.008	0.997	0.081	0.943
情感力	0.984	0.017	0.965	0.062	0.904

4. 应用情况

量表编制者应用本量表对我国大学生学习力进行测量，样本数为 72 241，结果如下：

我国大学生学习力各维度的总体情况如表 3–3 所示，大学生学习力 7 个维度的均值都在 4.00 及以上，说明我国大学生学习力各维度的平均水平都较高。在 7 个维度的具体表现为：意义驱动力的均值为 4.31，同意度百分比［等于（均值 –1）/（量表点数 –1）］为 66.16%；应用驱动力的均值为 5.02，同意度百分比为 80.35%；认知策略力的均值为 4.45，同意度百分比为 69.03%；调控策略力的均值为 4.01，同意度百分比为 60.15%；学术性参与的均值为 3.63，同意度百分比为 52.59%；同伴互动的均值为 4.38，同意度百分比为 67.58%；知识力的均值为 4.43，同意度百分比为 68.60%；认知力的均值为 4.74，同意度百分比为 74.76%；技能力的均值为 4.79，同意度百分比为 75.89%；情感力的均值为 4.74，同意度百分比为74.73%。

表3-3　我国大学生学习力的总体情况

学习力维度	人数	最小值	最大值	平均值	标准差
学习驱动力	72 241	1	6	4.66	0.78
学习策略力	72 241	1	6	4.23	0.80
学习行动力	72 241	1	6	4.00	0.88
知识力	72 241	1	6	4.43	0.93
认知力	72 241	1	6	4.74	0.81
技能力	72 241	1	6	4.79	0.82
情感力	72 241	1	6	4.74	0.82

参考文献

[1] 王芳. 我国大学生学习力模型研究[D]. 厦门：厦门大学，2019.（量表来源文献）

[2] 史秋衡，郭建鹏. 我国大学生学情状态与影响机制的实证分析[J]. 教育研究，2012（2）：109-121.

扫描二维码
获取量表

大学生在线学习力量表

1. 概述

各高校已大规模开展在线学习，在线学习中大学生的学习效果成为一个备受关注的问题，而学习力是保证学习者学习效果的关键因素之一。[1] 通过该量表可对在线学习背景下大学生的在线学习力进行测评，以便深入挖掘大学生在线学习中存在的问题，寻求解决问题的对策。

在线学习是一种突破时空限制、共享资源的学习形式。随着技术的迅猛发展，形式多样的在线学习平台被广泛应用，2012 年，由斯坦福大学、麻省理工大学等顶尖大学联手创建的慕课学习平台风靡全世界，包括 Coursera、edX、Udacity 3 大在线学习平台。自 2013 年起，由于在线学习具有灵活便捷性、资源共享性并能满足学习者个性化需求，国内掀起了一股在线学习的热潮，国内较为知名的在线学习平台有中国大学慕课（MOOC）、学堂在线、好大学在线（CNMOOC）、网易云课堂、超星学习通等。在线学习是将课程的内容放在一个由互联网形成的虚拟网络空间中供学生进行自由学习的学习方式。它可包括多种形式，如学校培养计划规定课程的在线学习，即学习者为了完成学习任务，在规定时间内通过网络和数字化资源有目的地进行的学习活动；又如，学习者出于自身兴趣或需求主动利用网络获取资源、增长知识的在线学习。

学习力是一个比较宽泛的概念。科比[2] 认为，“学习力”是指“the power of learning”，这里“power”表示能对其他事物产生作用和掌控其他事物的能力。而“力”在物理学中是指物体之间的相互作用，是使物体运动状态发生变化的原因。力因物体间的相互作用而产生，不是独立存在的。因此，我们可以将学习力定义为个体能够在有目的的学习活动中，有效促进学习者的学习结果、学习策略、认知能力、学习动力相互作用，为学习者终身学习提供能量，激活学习者学习潜能的动态能力系统。[3]

在线学习力具有学习力的一般特征，但由于在线学习环境中学习组织形式、学习评价等不同于传统课堂，因此在线学习力要增加在线学习自身的特征。[4] 为此，我们将在线学习力定义为：学习者在适应环境、善用技术、获取知识、发展技能的过程中，能够有效促进学习者的认知能力、学习动力、学习策略、学习结果相互作用的动态能力系统，它有利于激发学习者的潜能，促进学习者获得知识发展技能，帮助学习者实现个体的终身发展。[3]

2. 量表结构及实施方法

2.1 量表维度及内涵阐释

根据在线学习力的定义，我们可将其划分为学习意愿驱动力、学习过程调控力、学习策略应用力、学习反思转化力、学习关系互惠力等 5 个维度，具体内涵见表 3–4。

表 3–4　大学生在线学习力量表维度内涵

维度	内涵
学习意愿驱动力	包括学习态度和学习动力。学习态度是学习者对在线学习这种学习方式所表现出的心理倾向，具体表现为学习者对在线学习方式的偏好程度。学习动力是指由学习者的自身需求、学习兴趣、对自身的期待所激发的内在动力成为学习者参加在线学习的持久原动力
学习过程调控力	学习者在在线学习过程中为实现学习目标而努力控制自己认知、行为、情感的过程。具体表现为学习者抵抗环境干扰、集中注意力在学习上、攻克难关并坚持学习等方面的能力
学习策略应用力	学习者为了提高学习的效果和效率，有目的、有意识地管理和掌控自己的在线学习过程。具体表现为学习者在应用认知策略、调控策略、资源策略以提高学习效果方面的能力
学习反思转化力	包括学习反思和学习转化。学习反思是指学习者在在线学习过程中所进行的对自身学习活动进行批判性审视以促进自我发展的过程；学习转化是指对知识的转化，具体包括知识的再生、知识的实践应用、新旧知识的联系等方面
学习关系互惠力	学习者在适当的学习情境中乐于帮助他人或向他人学习、寻求帮助，从而使学习群体成员共同受益的能力

2.2 量表题项归属

该量表包含 26 个题项，涵盖在线学习力调查的 5 个维度，题项归属见表 3–5。

表 3-5 量表题项构成

维度	题项
学习意愿驱动力	1.1、1.2、1.3、1.4、1.5
学习过程调控力	2.1、2.2、2.3、2.4、2.5
学习策略应用力	3.1、3.2、3.3、3.4、3.5、3.6
学习反思转化力	4.1、4.2、4.3、4.4、4.5
学习关系互惠力	5.1、5.2、5.3、5.4、5.5

2.3 答案选项和记分方法

（1）采用李克特 5 点量表法进行记分，“非常不同意”记 1 分，“不同意”记 2 分，“不确定”记 3 分，“同意”记 4 分，“非常同意”记 5 分。

（2）所有题项均为正向记分。

3. 测量学指标

通过对参加过在线学习的大学生（在读本科生、研究生）施测，共回收 255 份有效答卷，经过分析，量表的信效度稳定良好。量表的信度检验结果及验证性因子分析结果分别见表 3-6 和表 3-7。表 3-6 数据表明，大学生在线学习力现状测量量表内部一致性系数达到 0.947，各维度的一致性系数均在 0.8 以上，组合信度都在 0.8 以上，该量表信度较好。表 3-7 中的验证性因子各项拟合指标基本符合统计学要求，属于可接受模型，说明量表结构效度良好。

表 3-6 信度检验结果

维度	项数	组合信度（CR）	Cronbach's α 值	
学习意愿驱动力	5	0.900	0.890	
学习过程调控力	5	0.836	0.836	
学习策略应用力	6	0.874	0.874	0.947
学习反思转化力	5	0.896	0.895	
学习关系互惠力	5	0.862	0.858	

表 3-7　整体拟合系数表

拟合指标	χ^2/df	RMSEA	IFI	TLI	CFI	NFI	RFI
CFA 检验结果	2.219	0.069	0.913	0.901	0.912	0.852	0.833
标准	<3	<0.08	>0.9	>0.9	>0.9	>0.9	>0.9

4. 应用情况

4.1　量表调查对象基本情况

量表编制者曾通过微信、QQ 等平台对 L 大学参加过在线学习的大学生（在读本科生、研究生）进行测量，共收到 367 份答卷。对量表进行初步的整理后发现，存在一些异常数据，如填写时间低于 60 秒、所有题项答案全部相同的数据，将这些异常数据剔除后，最终得到 255 份有效答卷。调查对象基本情况见表 3-8。

表 3-8　量表调查对象基本情况

性别	男：44；女：211
年级	大一：30　大二：73　大三：64　大四：16　研究生：72
专业	文史：62　理工：134　艺术：11　其他：48

4.2　大学生在线学习力描述性分析

由表 3-9 大学生在线学习力现状的描述性分析结果，可见：

（1）学习过程调控力和学习关系互惠力两个维度的均值低于其他 3 个维度，这说明学习者在面对在线学习过程中的干扰因素或困难时，调控能力和抗干扰能力较弱；在在线学习过程中，学习者从学习伙伴那里获得支持的能力较弱，同时自己主动为其他人提供力所能及的帮助的能力也相对较弱。

（2）学习意愿驱动力得分最高，这说明学习者对参加在线学习表现出强烈的学习动机，例如想通过在线学习提升自己、获得学分或者学习一些感兴趣的课程等。

（3）学习策略应用力、学习反思转化力两个维度的得分达到 3.85、3.82，这说明学习者在参加在线学习的过程中，能够应用一定的学习策略，如认知策略、资源策略和管理策略等进行学习，如制定计划并合理安排时间、使用多种方法进行学习、利用课程内容外的其他资源进行学习等。同时，在在线学习过程中，学习反思转化力在大学生在线学习力测评的 5 个维度中居于中等水平，学习者能够做到对新旧知识及时归纳总结、对自身学习过程或学习方法进行反思。

表 3-9　大学生在线学习力的描述性分析结果

维度	均值（M）	标准差（SD）
学习意愿驱动力	4.00	0.68
学习过程调控力	3.69	0.65
学习策略应用力	3.85	0.60
学习反思转化力	3.82	0.62
学习关系互惠力	3.72	0.64

参考文献

［1］王会会．小学生数学学习力提升研究［D］．开封：河南大学，2015.

［2］赵先启．谈实践中主客体关系［J］．理论探讨，1987（1）：92–95.

［3］张紫毓．大学生在线学习力量表编制及应用研究［D］．大连：辽宁师范大学，2021.（量表来源）

［4］郑勤华，徐珺岩．在线学习力：结构特征及影响因素［J］．开放教育研究，2020，26（4）：77–85.

扫 描 二 维 码
获 取 量 表

在线学习与自主学习能力量表

1. 概述

“在线学习与自主学习能力量表”由张鸣于2020年编制而成。该量表结合Biggs3P学习过程模型，将在线学习过程分为在线学习环境（自变量）、[1]深层学习取向（中间变量）、在线学习环境下大学生自主学习能力（因变量）3个维度，三者之间的关系如图3-2所示。其中在线学习环境包括在线技术易用性、在线资源丰富性、在线学生交互、在线教师引导、在线学习评估等5个方面；深层学习取向包括深层学习动机和深层学习策略；在线学习环境中大学生自主学习能力包括技术和目标计划制定、学习内容和材料利用、学习过程调控、学习效果评价等4个方面。

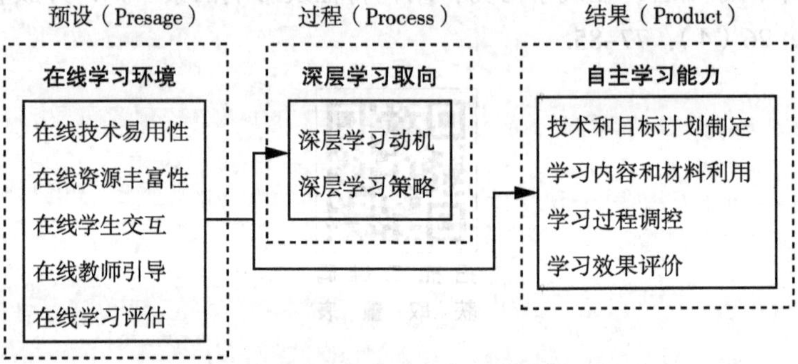

图3-2　在线学习过程3个维度之间的关系

2. 量表结构及实施方法

2.1　量表维度及内涵阐释

整个量表包含3个子量表：在线学习环境量表、深层学习取向量表、在线学习环境中大学生自主学习能力量表。

在线学习环境，是指由学习资源、学习工具、技术支持、学生交互、教师支持和在线学习评估等基本要素组成的一个环境系统，能够为学习者独立完成学习中的各个任务提供较好支撑，并对学习者的学习态度、学习过程和学习效果等方面产生相应的影响。学习者在学习过程中所采取的学习策略和学习者的学习动机都会对自主学习能力的提升产生显著影响，而学习动机和学习策略共同构成了学习者的学习取向。深层次的学习动机和学习策略构成了深层学习取向。自主学习能力是指学习者在完成学习的过程中，可以对整个学习担负起责任，学习者自身可以明晰学习完成后最终可以获得什么样的学习成果，能够有效利用学习材料和内容，对整个学习过程进行监控，对产生的结果进行自我评估与反思。它可以划分为技术和目标计划制定、学习内容和材料利用、学习过程调控、学习效果评价等 4 个子维度。

2.2　题项归属

量表包含 49 个题项，涵盖在线学习与自主学习能力的 3 个维度。各维度所对应的题项见表 3–10。

表 3–10　在线学习与自主学习能力量表题项归属

二阶维度	三阶维度	题项
在线学习环境	在线技术易用性（TU）	1.1、1.2（TU1、TU2）
	在线资源丰富性（RR）	1.3—1.7（RR1~RR5）
	在线学生交互（SI）	1.8—1.13（SI1~SI6）
	在线教师引导（TS）	1.14—1.19（TS1~TS6）
	在线学习评估（SC）	1.20—1.22（SC1~SC3）
深层学习取向	深层学习动机（DM）	2.1—2.5（DM1~DM5）
	深层学习策略（DS）	2.6—2.10（DS1~DS5）
在线学习环境中大学生自主学习能力	技术和目标计划制定（TP）	3.1—3.5（TP1~TP5）
	学习内容和材料利用（MU）	3.6—3.9（MU1~MU4）
	学习过程调控（PR）	3.10—3.13（PR1~PR4）
	学习效果评价（EO）	3.14—3.17（EO1~EO4）

2.3　答案选项和记分方法

（1）采用李克特 5 点量表法进行记分，“非常不同意”记 1 分，“不同意”记 2 分，“不确定”记 3 分，“同意”记 4 分，“非常同意”记 5 分。

（2）所有题项均采用正向记分。

3. 测量学指标

量表研制完成后，进行信效度验证。被调查对象为具有在线学习相关经历，已完成 MOOC 平台课程“现代教育技术”学习的大学生。一共回收 302 份量表，去除无效量表后，得到有效量表 280 份，有效率为 92.72%。调查样本中男生 42 人，女生 238 人；文史类 208 人，理工类 52 人，其他类 20 人。

3 个子量表及其子维度的 Cronbach's α 值均大于 0.7（见表 3–11），这说明各个量表的内部一致性信度较高。

表 3–11　在线学习与自主学习能力量表信度检验结果

子量表	子维度	Cronbach's α 值
在线学习环境	在线技术易用性	0.744
	在线资源丰富性	0.866
	在线学生交互	0.893
	在线教师引导	0.845
	在线学习评估	0.802
深层学习取向	深层学习取向	0.885
在线学习环境中大学生自主学习能力	技术和目标计划制定	0.818
	学习内容和材料利用	0.836
	学习过程调控	0.842
	学习效果评价	0.843

3 个子量表的信度指标计算结果见表 3–12 至表 3–15。各指标均在可接受的范围之内，说明量表的效度较高。

表 3–12　在线学习与自主学习能力量表验证性因子指标汇总表

	绝对拟合指数					相对拟合指数		
指标	χ^2/df	GFI	RMR	RMSEA	SRMR	CFI	NFI	TLI
数值	2.047	0.901	0.028	0.067	0.054	0.847	0.773	0.828

表 3–13　在线学习环境分量表验证性因子指标汇总表

	绝对拟合指数					相对拟合指数		
指标	χ^2/df	GFI	RMR	RMSEA	SRMR	CFI	NFI	TLI
数值	2.205	0.904	0.031	0.066	0.046	0.923	0.902	0.914

表 3-14　深层学习取向分量表验证性因子指标汇总表

	绝对拟合指数					相对拟合指数		
指标	χ^2/df	GFI	RMR	RMSEA	SRMR	CFI	NFI	TLI
数值	1.385	0.981	0.017	0.037	0.028	0.993	0.975	0.988

表 3-15　自主学习能力分量表验证性因子指标汇总表

	绝对拟合指数					相对拟合指数		
指标	χ^2/df	GFI	RMR	RMSEA	SRMR	CFI	NFI	TLI
数值	1.971	0.931	0.026	0.059	0.049	0.950	0.905	0.939

4. 应用情况

利用量表开展在线学习环境中大学生自主学习能力影响因素研究，主要结果如下。

4.1　描述性统计分析结果

研究的自变量包括在线技术易用性、在线资源丰富性、在线学生交互、在线教师引导与在线学习评估，中介变量为深层学习取向，因变量为自主学习能力。针对各个研究变量的描述性统计分析结果见表 3-16。

表 3-16　描述性统计分析结果

	变量	均值	标准差	最小值	最大值
自变量	在线技术易用性（TU）	3.60	0.698	1	5
	在线资源丰富性（RR）	3.70	0.580	1	5
	在线学生交互（SI）	3.64	0.574	1	5
	在线教师引导（TS）	3.81	0.500	2	5
	在线学习评估（SC）	3.87	0.511	2	5
中介变量	深层学习取向（DL）	3.61	0.513	1	5
因变量	技术和目标计划制定（TP）	3.63	0.544	1	5
	学习内容和材料利用（MU）	3.75	0.566	2	5
	学习过程调控（PR）	3.80	0.457	3	5
	学习效果评价（EO）	3.78	0.508	2	5
	自主学习能力（SA）	3.76	0.432	3	5

4.2 自变量、中介变量与自主学习能力的相关性分析

各变量与自主学习能力的相关性分析结果见表 3-17，可见，自变量在线技术易用性、在线资源丰富性、在线学生交互、在线教师引导和在线学习评估等方面，都与自主学习能力呈显著正相关关系。其中在线学习评估与自主学习能力的相关系数最高（r=0.536，p<0.01），即在线学习评估活动越深入，学习者的自主学习能力越高。进一步分析自变量与中介变量之间的相关关系，我们发现每个自变量与中介变量之间都呈显著正相关。其中在线资源丰富性与深层学习取向之间的相关系数最高（r=0.438，p<0.01），这说明有效配置在线学习环境中的资源，会提升学习者的深层学习动机和深层学习策略。中介变量与因变量自主学习能力之间也存在显著的正相关关系（r=0.614，p<0.01），这印证了关于学习者学习取向的有关结论，即学习者的深层学习取向会对学习者的自主学习能力产生显著的、正向影响。

表 3-17 研究变量 person 相关性分析结果

	DL	TU	RR	SI	TS	SC	SA
DL	1						
TU	0.313**	1					
RR	0.438**	0.655**	1				
SI	0.404**	0.439**	0.621**	1			
TS	0.386**	0.413**	0.555**	0.523**	1		
SC	0.314**	0.427**	0.516**	0.386**	0.607**	1	
SA	0.614**	0.371**	0.400**	0.400**	0.472**	0.536**	1

参考文献

[1] 张鸣. 在线学习环境下大学生自主学习能力影响因素研究 [D]. 武汉：华中师范大学，2020.

扫 描 二 维 码
获 取 量 表

第四章 学习投入与效果

中国版大学生学习性投入调查量表

1. 概述

美国“全国大学生学习性投入调查”（NSSE）评价项目是由美国高等教育质量评估专家彼得·尤厄尔（Peter Evell）等在皮尤慈善信托基金会资助下于1998年开发完成的。它是一项针对全美四年制本科院校学生投入高层次学习和发展程度的年度调查。NSSE评价的核心工具是一份名为“大学生报告”（The College Student Report）的调查量表，主要包含有效教育实践（Effective Educational Practice，EEP）的5项指标，即学业挑战水平、主动合作学习水平、生师互动频度、教育经历的丰富度和校园环境的支持度。NSSE项目包含两个假设：①学生在那些具有有效教育目标的活动中投入的时间和精力越多，获得的反馈越多，他们在知识、技能和性情上的发展也就越好。因此，NSSE项目采用多个题项对学生是否有效地投入学习进行调查。②学校越是从各个方面创造条件并支持学生主动参与这些有效的学习活动中，学生便越会在这些活动中投入更多的时间和精力，获得更好的学习效果。在NSSE项目中，校园环境的支持度、教育经历的丰富度两项指标与之紧密匹配。

NSSE项目的主要目标是努力开创一条全美范围内全面收集高等院校教育质量信息的全新途径，既服务于整个学术领域对于高等教育质量问题的探索，又致力于为高等院校诊断和改进本科教育质量提供有效的信息和资料，同时试图为潜在大学生及其家长等各方人士了解大学教育质量和大学生就读经验提供有用信息。[1] 2000 年，NSSE 项目正式在全美范围内启动，此后每年举行一次全国性年度调查。NSSE 项目的推行速度迅速，参与院校逐年增多。

2007 年，清华大学 NSSE-China 课题组通过双向翻译、题项文化适应、认知访谈和试点研究等 4 大步骤对美国 NSSE2007“大学生报告”进行了文化适应性修订，并在此基础上构建了 NSSE-China 量表。[2] 汉化后的 NSSE- China 量表结构仍采用 NSSE 学习投入的五维度指标。2009 年，NSSE-China 项目正式启动。随着 NSSE-China 项目的深入开展，项目组获得的使用反馈和调查数据逐年增多，并在此基础上每年对量表进行调整和修订，使得 NSSE-China 量表指标体系与 NSSE 量表母版的差异日益显著。

2. 量表结构

NSSE-China 量表（2012 版）包含 76 个问题、290 个题项，分为 A、B 两部分，其中 A 部分为大学在学经验，包含 28 个问题、161 个题项，B 部分为背景信息，包含 48 个问题、129 个题项。题型主要为单项选择，少数为多项选择或填空。预计需 30 分钟完成。

整个量表的指标体系由 5 大可比指标、7 项教育过程分析诊断指标和 1 份深度学习子量表构成。5 大可比指标分别是学业挑战水平、主动合作学习、生师互动频度、教育经历的丰富度和校园环境的支持度，共含 48 个题项。具体内容见表 4-1。

表 4-1 NSSE-China 五大可比指标

指标	题项
学业挑战水平（11 项）	课程强调：分析某个观点、经验或理论的基本要素，了解其构成
	课程强调：综合不同观点、信息或经验，形成新的或更复杂的解释
	课程强调：判断信息、论点或方法的价值（例如，考查他人如何收集、解释数据，并评价其结论的可靠性）
	课程强调：运用理论或概念解决实际问题，或将其运用于新的情境
	非常努力学习才能达到课程的要求
	本学年教师指定阅读的教材或参考书的数量
	本学年完成的长篇课程论文 / 报告（5 000 字以上）的数量
	本学年完成的中篇课程论文 / 报告（2 000~5 000 字）的数量
	本学年完成的短篇课程论文 / 报告（2 000 字以下）的数量
	学校强调：在学业方面投入大量时间
	一周有 7 天花在学习（不包括上课，但包括预习、复习、读相关文献或专业期刊、做作业 / 实验等）上的时间

续表

指标	题项
主动合作学习（6项）	课堂上主动提问或参与讨论 课堂上就某一研究主题做有预先准备的报告 课堂上和同学合作完成老师布置的任务 课后和同学讨论作业 / 实验 在课业上帮助其他同学 课余和非本班的同学、朋友讨论学习中的观点和问题
生师互动频度（9项）	和任课教师讨论分数或作业 课外和任课教师讨论课堂或阅读中的问题 和任课教师讨论自己的职业计划 和辅导员 / 班主任讨论自己的职业计划 和任课教师讨论人生观和价值观等问题 和辅导员 / 班主任讨论人生观和价值观等问题 和任课教师一起参与课程以外的工作（比如社团活动、入学教育等） 学习表现得到任课教师的及时反馈（口头 / 书面） 在课程要求之外，和老师一起做研究
教育经历的丰富度（14项）	与宗教观、政治观、人生观很不同的学生深入交谈 与那些跟自己的城乡背景、民族背景不同的学生深入交谈 学校强调：鼓励来自不同城乡、民族、家庭背景的学生相互接触 一周7天参加课外活动（如校园刊物、学生会 / 团委、社团活动、校内外运动比赛等） 使用网络媒介讨论或完成作业（如网络学堂、网络论坛、聊天工具等） 实习、社会实践或田野调查 社区服务或志愿者 组织或参与某个社团或学习团体 课程要求以外的语言学习（如上新东方、修二外等） 海外学习（短期或长期） 辅修第二学位专业 报考专业资格证书 / 技能等级证书 参加各类学术、专业或设计竞赛 学校强调：在学业中使用计算机

续表

指标	题项
校园环境的支持度（8 项）	学校强调：组织集体活动，使你更好地融入大学生活
	学校强调：为你的学业提供支持与帮助
	学校强调：帮助你应对经济问题，完成学业
	学校强调：帮助你应对人际关系或情感问题
	与其他学生的关系
	与任课教师的关系
	与班主任 / 辅导员的关系
	与办公室行政人员（如教务工作人员等）的关系

NSSE-China 课题组在 5 大可比指标基础上还构建出 7 项教育过程分析诊断指标，分别是：课程的教育认知目标、课程要求的严格程度、课程学习行为、课程外的拓展性学习行为、向学 / 厌学、自我报告的教育收获、在校满意度，含 70 个题项。具体内容见表 4-2。

表 4-2 NSSE-China 7 项教育过程分析诊断指标

指标	题项
课程的教育认知目标（5 项）	课程强调：记忆课堂或阅读中的事实、观点或方法
	课程强调：分析某观点、经验或理论的基本要素，了解其构成
	课程强调：综合不同观点、信息或经验，形成新的或更复杂的解释
	课程强调：判断信息、论点或方法的价值（例如，考查他人如何收集、解释数据，并评价其结论的可靠性）
	课程强调：运用理论或概念解决实际问题，或将其运用于新的情境
课程要求的严格程度（14 项）	非常努力学习才能达到课程的要求
	本学年教师指定阅读的教材或参考书的数量
	本学年阅读的学术论文 / 研究报告的数量
	本学年完成的长篇课程论文报告（5 000 字以上）的数量
	本学年完成的中篇课程论文报告（2 000~5 000 字）的数量
	本学年完成的短篇课程论文 / 报告（2 000 字以下）的数量
	考试在多大程度上激发你更好地学习
	论文在多大程度上激发你更好地学习
	实验报告在多大程度上激发你更好地学习
	个人独立完成的课程作业在多大程度上激发你更好地学习
	小组合作完成的课程作业在多大程度上激发你更好地学习
	完成的课程论文 / 报告要求：提出自己的观点或想法并进行论证
	完成的课程论文 / 报告要求：和老师 / 学反复讨论
	完成的课程论文 / 报告要求：深入引证大量相关文献和数据

续表

指标	题项
课程学习行为（14 项）	课堂上主动提问或参与讨论
	课堂上积极回答 / 思考老师没有既定答案的提问
	课堂上就某一研究主题做有预先准备的报告
	课堂上和同学合作完成老师布置的任务
	上课前没有完成规定的阅读或作业
	课堂上质疑老师的观点
	课堂上有侧重地做笔记
	课堂上集中精力听老师的讲解
	课后和同学讨论作业 / 实验
	使用网络媒介讨论或完成作业（如网络学堂、网络论坛、聊天工具等）
	课外和任课老师讨论课堂或阅读中的问题
	课余和非本班的同学、朋友讨论学习中的观点和问题
	在课业上帮助其他同学
	一周 7 天花在学习（不包括上课，但包括预习、复习、读相关文献或专业期刊、做作业实验等）上的时间
课程外的拓展性学习行为（12 项）	去听感兴趣的讲座或报告
	和任课老师一起参与课程以外的工作（比如社团活动、入学教育等）
	实习、社会实践或田野调查
	社区服务或志愿者
	组织或参与某个社团或学习团体
	在课程要求之外，和老师一起做研究
	课程要求以外的语言学习（如上新东方、修二外等）
	海外学习（短期或长期）
	参加各类学术、专业或设计竞赛
	报考专业资格证书 / 技能等级证书
	辅修第二学位 / 专业
	向专业学术期刊 / 学术会议等投稿
向学 / 厌学（8 项）	本学年，你的学习动力如何？
	我喜欢学习因为它使我不断成长
	学习遇到困难时，我总是想尽办法克服
	我专心致志学习时内心充满了快乐
	很多时候我不知道我所学的东西对我而言到底有什么意义
	你对目前就读的专业有兴趣吗？
	你认为所就读的专业对你未来过上满意的生活有帮助吗？
	你自己对未来学业的期望是什么？

续表

指标	题项
自我报告的教育收获（14项）	提高程度：广泛涉猎各个知识领域
	提高程度：深厚的专业知识与技能
	提高程度：良好的口头表达能力
	提高程度：良好的书面表达能力
	提高程度：组织领导能力
	提高程度：熟练运用信息技术的能力
	提高程度：批判性思维
	提高程度：与他人有效合作
	提高程度：解决现实中的复杂问题
	提高程度：自主学习
	提高程度：认识自我
	提高程度：个人人生观、价值观的确立
	提高程度：明确自己未来的发展规划
	提高程度：理解不同群体的文化和价值观
在校满意度（3项）	整体说来，这所大学给予你的学业指导如何？
	整体来说，你在这所大学的就读经历如何？
	如果可以重新选择，那么你还会选择这所大学吗？

NSSE-China课题组结合已有研究理论和大量访谈结果在量表中构建了一份深度学习子量表，试图对大学生学习方式进行探究。深度学习子量表共含11个题项，包含3个维度：①高阶认知，聚焦课程对高级思维能力的强调程度；②整合性学习，关注学生进行哪些需整合不同来源信息的活动频度；③反思性学习，集中于学生对自身观点及思想的探索。深度学习子量表的具体题项见表4–3。

表4–3　NSSE-China深度学习子量表

	题项
深度学习子量表（11项）	反思并对自己的学习过程进行自我评价
	做作业或讨论时，能融合不同课程所学的观点或概念
	课程强调：分析某个观点、经验或理论的基本要素，了解其构成
	课程强调：综合不同观点、信息或经验，形成新的或更复杂的解释
	课程强调：判断信息、论点或方法的价值（例如，考查他人如何收集、解释数据，并评价其结论的可靠性）
	课程强调：运用理论或概念解决实际问题，或将其运用于新的情境

续表

	题项
深度学习子量表（11 项）	课外和任课老师讨论课堂或阅读中的问题 课余和非本班的同学、朋友讨论学习中的观点和问题 反思并评价自己的学习过程 通过学习，改变了对某个问题 / 概念的理解 挑战自己对问题的已有看法

3. 测量学指标

NSSE-China 量表经过了多次的测量信效度检验，具有较理想的测量信度与效度。清华大学教育研究院利用 2010 年"中国大学生学习性投入"调查课题组在全国范围内调查的 46 所院校大学生的部分样本（24 591 名有效被试）中开展测量学研究，量表的信效度分析结果见表 4-4、表 4-5。[3] 总体而言，基于国外教育情景构建的 5 大可比指标在中国教育情境中仍然成立，表现出较强的跨文化性；基于我国本土构建的 7 项教育过程诊断指标也具有良好的信效度。这表明 NSSE-China 量表可以作为一个重要而又有效的测评工具，对我国高等院校实施本科教育学情调查、自我诊断及效能评估。

表 4-4　5 大可比指标的测量学指标值

	Cronbach's α 值	模型拟合指数
学业挑战水平	0.71	χ^2=123 229.1，df=1 024，NFI=0.90，NNFI=0.90，CFI=0.90，IFI=0.90，GFI=0.82，AGFI=0.81，RMSEA=0.070
主动合作学习	0.66	
生师互动频度	0.86	
教育经历的丰富度	0.62	
校园环境的支持度	0.80	

表 4-5　7 项教育过程诊断指标的测量学指标值

	Cronbach's α 值	模型拟合指数
课程的教育认知目标	0.74	χ^2=137 229.01，df=1 869，NFI=0.93，NNFI=0.93，CFI=0.94，IFI=0.94，GFI=0.85，AGFI=0.84，RMSEA=0.054
课程要求的严格程度	0.69	
课程学习行为	0.73	
课程外的拓展性学习行为	0.61	
向学 / 厌学	0.72	
自我报告的教育收获	0.90	
在校满意度	0.79	

4. 应用情况

NSSE-China 项目组自 2009 年以来，每年都定期开展全国范围的调查，产生了大量公开发表的研究成果。

NSSE-China 项目目前已发展成为“中国大学生学习与发展追踪调查”（CCSS）项目。[4]

参考文献

［1］黄美娟．美国“全国大学生学习性投入调查”（NSSE）研究［D］．上海：上海师范大学，2014.

［2］罗燕，海蒂·罗斯，岑逾豪．国际比较视野中的高等教育测量［J］．复旦教育论坛，2009，7（5）：12-18.

［3］涂冬波，史静寰，郭芳芳．中国大学生学习性投入调查量表的测量学研究［J］．复旦教育论坛，2013，11（1）：55-62.

［4］清华大学教育研究院．NSSE-China 2012 量表［R］．北京：清华大学，2013.（量表来源文献）

扫描二维码
获取量表

大学生学习投入量表

1. 概述

学习投入是“投入”概念在教育研究领域内的延伸。20 世纪 80 年代初，“学习投入”这一概念在教育研究领域中开始使用，以表示个体在教育活动中积极、主动的投入状态。在教育和心理学领域内，研究者受到积极心理学的影响，主张在研究学习倦怠的同时，要从积极的方面解释人的心理与行为，也就是要从具有建设性的实际或潜在的力量和机能出发。他们认为，学习投入作为学习倦怠的对立面，能为人们提供积极的研究视角。克里斯滕松（Christenson）等[1]提出，学习投入是指学生积极参与学术活动和与学校相关的活动，是对学习的一种承诺，因个体在教育活动中的承诺不同，个体在学习投入的维度上存在着水平和程度上的差异，这也使得学习投入成为一个颇具研究价值的概念。作为衡量学生学习过程情况的重要指标之一，学习投入是影响学生学习成果的重要因素。

“大学生学习投入量表”[2]从学生的角度调查学生对学习的投入情况。该量表参考了美国“全国大学生学习性投入调查”、中国版大学生学习性投入调查量表、澳大利亚“全国学生课程体验调查”、日本大学生调查等量表以及清华大学史静寰教授团队开发的“中国大学生学习与发展追踪调查”（CCSS）、厦门大学史秋衡教授团队开发的“国家大学生学习情况调查研究”（NCSS）量表中的题项，并对个别题项进行了适度修改和自行开发。

2. 量表结构及实施方法

2.1 量表维度内涵阐释

整个量表将学习投入划分为认知投入、情感投入、行为投入 3 个维度。认知投入维度主要反映学生在学习中运用认知策略及心理资源的高度卷入方式，从策略学习的视角将其进一步划分为深层学习方式与表层学习方式；情感投入维度主要是指学生在学习活动中的情感反应，其进一步划分为兴趣、归属感和教育价值感；行为投入维度主要强调学习的“参与”问题，其进一步划分为规则行为和主动行为。

2.2 题项归属

量表包含 21 个题项，涵盖学习投入调查的 3 个维度，题项分布见表 4–6。

表 4–6 大学生学习投入量表的题项构成

量表维度		题项
认知投入	深层学习	4、6、19
	表层学习	8、14、20
情感投入	兴趣	7、9、15
	归属	3、11、18
	教育价值	5、16、17
行为投入	规则行为	1、12、21
	主动行为	2、10、13

2.3 答案选项和记分方法

（1）采用李克特 5 点量表法进行记分。在每一道题目后，有 1~5 的数值选项，所代表的程度依次递增，分别为“完全不符合”“不符合”“一般”“符合”“完全符合”，由填答者在每一道题后选择符合实际情况的数值。

（2）所有题项均为正向记分。

3. 测量学指标

在设计时参考了同类量表的题项，同时经过教育学、心理学、管理学等领域专家的多次修正，确保了内容效度。预调查时发放量表 130 份，回收量表 121 份，回收率为 93.08%，去除答案雷同或信息残缺等无效量表 18 份，最终获得 103 份有效量表，有效量表回收率为 79.23%。初始量表包含 26 个题项，通过项目区分度分析和探索性因素分析，删除题项 1、8、10、14、24，最终形成了含 3 个维度、21 个题项的正式量表。

在正式调查中，采取整群随机抽样的方法，选取某研究型大学的 7 个通识课程本科生班级，发放量表 830 份，回收 788 份，回收率为 94.94%，去除 31 份无效量表，获得 757 份有效量表，有效量表回收率为 91.20%。进一步的统计分析表明，量表的信效度可接受（见表 4-7）。

表 4-7　量表的信效度检验

<table>
<tr><th colspan="2">维度</th><th>题项数</th><th>Cronbach's α 值</th><th>CR</th><th>模型拟合指数</th></tr>
<tr><td rowspan="2">认知投入</td><td>深层学习</td><td>3</td><td>0.720</td><td>0.843</td><td rowspan="7">χ^2=544.697，
df=179，GFI=0.936，
AGFI=0.917，
NFI=0.912，
RMSEA=0.052</td></tr>
<tr><td>表层学习</td><td>3</td><td>0.647</td><td>0.809</td></tr>
<tr><td rowspan="3">情感投入</td><td>兴趣</td><td>3</td><td>0.721</td><td>0.843</td></tr>
<tr><td>归属</td><td>3</td><td>0.684</td><td>0.828</td></tr>
<tr><td>教育价值</td><td>3</td><td>0.632</td><td>0.791</td></tr>
<tr><td rowspan="2">行为投入</td><td>规则行为</td><td>3</td><td>0.699</td><td>0.835</td></tr>
<tr><td>主动行为</td><td>3</td><td>0.612</td><td>0.798</td></tr>
</table>

4. 应用情况

参见《大学生课堂环境量表》（第一章）和《大学生学习成果量表》（第四章）的相关部分。

参考文献

[1] CHRISTENSON S L，RESCHLY A L，WYLIE C. Handbook of research on student engagement [M]. New York：Springer，2012：816-817.

[2] 朱莲花. 课堂环境对大学生学习成果的影响 [D]. 大连：大连理工大学，2019.（量表来源文献）

扫 描 二 维 码
获 取 量 表

大学生学习成果量表

1. 概述

“学习成果”这一术语最初由艾斯纳（Eisner）于1979年提出。他认为，“学习成果是个体以某种形式参与活动之后获得的结果，不管是有意还是无意的”。[1] 此后研究者从不同角度对学习成果的概念进行了界定。一般认为，大学生学习成果是指大学生在接受高等教育过程后体现出的“学生发展”的“增值”。具体包括：①学生发展指的是学生在高等教育机构中，不断成长、进步，各方面能力得到提升，是人的发展在高等教育中的具体体现，每一个处在发展阶段的人都需要完成不断增加的复杂发展任务，实现自己的人生目标，获得个人的独立。②增值是具体且可测量的。根据所参加的高等教育过程特征的不同，又可以分为：通过某门课程的学习，学到了什么；通过某专业的学习，在专业技能方面有哪些收获；通过大学四年的教育过程，获得了哪些经验等。

“大学生学习成果量表”[2] 从学生自评的角度调查学习收获。该量表参考了美国“全国大学生学习性投入调查”、中国版大学生学习性投入调查量表、澳大利亚“全国学生课程体验调查”、日本大学生调查等量表以及清华大学史静寰教授团队开发的“中国大学生学习与发展追踪调查”（CCSS）、厦门大学史秋衡教授团队开发的“国家大学生学习情况调查研究”（NCSS）量表中的题项，个别题项进行了修改和自行开发。量表中所调查的大学生学习成果，不包含因个人成长和成熟而引发的个体发展，重点聚焦于因高等教育经验所引起的个体发展的增值。

2. 量表结构及实施方法

2.1　量表维度内涵阐释

整个量表包含知识习得、认知思维、组织表达 3 个维度。其中的知识习得、认知思维 2 个维度主要反映教育目标对学习成果的要求。知识习得要求学生掌握所学知识，而知识应用要求学生运用所学知识解决实际问题。当学生要达到某个特定的目标或结果，但不能识别出正常的解决方案时，往往会为解决现阶段面临的问题而使用一个或多个认知思维过程。在经过知识的习得与应用之后，教育者和学生双方都会对学习成果进行一定的评价，从而评价学生的学习效果。这样的评价往往从两个方面进行：其一是从知识的数量入手，即对学习知识的多少进行评判；其二是从学习的质量入手，即通过考查学生运用知识解决问题的能力来判断学生的学习效果。因此，可将知识习得与认知思维作为衡量大学生学习成果的指标。这两个维度都属于认知能力的范畴。

量表中的组织表达维度主要反映社会发展对学习成果的要求。大学生最终要走向劳动力市场，认知能力和非认知能力都会影响其在未来职场中的劳动生产率。美国劳动力市场中的雇主调查表明，主动决断的行事能力、批判性思维能力、解决问题的能力、团队合作能力、领导能力、交流能力和社交能力等都是用人单位的基本要求。这些具体能力中的主动决断能力属于人格特质，批判性思维能力和解决问题的能力属于认知能力范畴，其他几项属于非认知能力范畴，主要体现为个体在组织表达方面的能力。因此，除了认知能力外，组织表达能力也是衡量学习成果的重要指标。

2.2　量表题项归属

量表包含 12 个题项，涵盖学习成果的 3 个维度，题项分布见表 4-8。

表 4-8　大学生学习投入量表的题项构成

量表维度	题项
知识习得	1、5、6、7
认知思维	2、3、4、8、9
组织表达	10、11、12

2.3 答案选项和记分方法

（1）采用李克特5点量表法进行记分。每一道题目后，都有1~5的数值选项，所代表的程度依次递增，分别为“提升非常小”“提升小”“一般”“提升大”“提升非常大”，由填答者在每一道题后选择符合实际情况的数值。

（2）所有题项均为正向记分。

3. 测量学指标

量表在设计时参考了同类量表的题项，同时经过教育学、心理学、管理学等领域专家的多次修正，确保了内容效度。初始量表包含15个题项，预调查时发放量表130份，回收121份，回收率为93.08%，去除答案雷同或信息残缺等无效量表18份，最终获得103份有效量表，有效量表回收率为79.23%。进而通过项目区分度分析和探索性因素分析，删除题项2、11、12，最终形成含3个维度、12个题项的正式量表。

在正式调查中，采取整群随机抽样的方法，选取某研究型大学的7个通识课程本科生班级，发放量表830份，回收788份，回收率为94.94%，去除31份无效量表，获得757份有效量表，有效量表回收率为91.20%。进一步的统计分析表明，量表的信效度都在可接受的范围内（见表4-9）。

表4-9 量表的信效度检验

维度	题项数	Cronbach's α 值	CR	模型拟合指数
知识习得	5	0.684	0.853	χ^2=94.196，df=51，GFI=0.958，AGFI=0.936，NFI=0.947，RMSEA=0.061
认知思维	4	0.791	0.880	
组织表达	3	0.797	0.881	

4. 应用情况

参见《大学生课堂环境量表》（第一章）和《大学生学习投入量表》（第四章）的相关部分。

参考文献

[1] EISNER E W. The educational imagination: On the design and evaluation of school programs [M]. New York: Macmillan, 1979: 125.

[2] 朱莲花. 课堂环境对大学生学习成果的影响 [D]. 大连: 大连理工大学, 2019.（量表来源文献）

扫 描 二 维 码
获 取 量 表

工科学生学习效果评价量表

1. 概述

在人才培养特别是工程教育的人才培养中，能力和素质的培养尤为重要。世界各国，特别是发达国家，都在重点加强创新型工程科技人才的培养，把它当作创新时代国家发展的头等战略大事。而高质量的工程教育是培养创新能力强、适应经济社会发展需要的各类型工程科技人才的关键。如何改进课程及教学，使工科学生获得有利于自身长远发展的能力和素质、满足社会需求是人才培养的目标。为实现这一目标，课程评价发挥着越来越重要的作用。

“工科学生学习效果评价量表”[1]通过学生自评从教育价值增值的角度测评大学生的学习效果。该量表分为两部分，一是学习效果目标评价，二是学习效果过程经历。学习效果目标评价划分为7个维度，分别是工程设计能力、工程实践能力、集成创新能力、自主学习能力、合作沟通能力、批判性思维和公民意识。学习效果过程经历划分为图书馆及计算机信息技术、课堂学习、师生互动、科学实验、课外实践5个维度。

该量表在以学生为中心的教育质量观指导下，以质量即价值增值为价值取向，在学生学习课程之前以及学完之时进行跟踪测评，以学生的学习过程为评价内容，并运用将实验组和对照组进行比较的评价方法，找到影响学生学习效果提升的行为过程，最后将这一评价结果反馈到教学实践中，真正形成持续改进。整个测评过程贯穿以学生为中心的评价理念，将学生实际的能力和素质收获作为学习效果评价的重点，并以自我报告的方式实现学生反馈。量表所依据的理论模型见图 4-1。

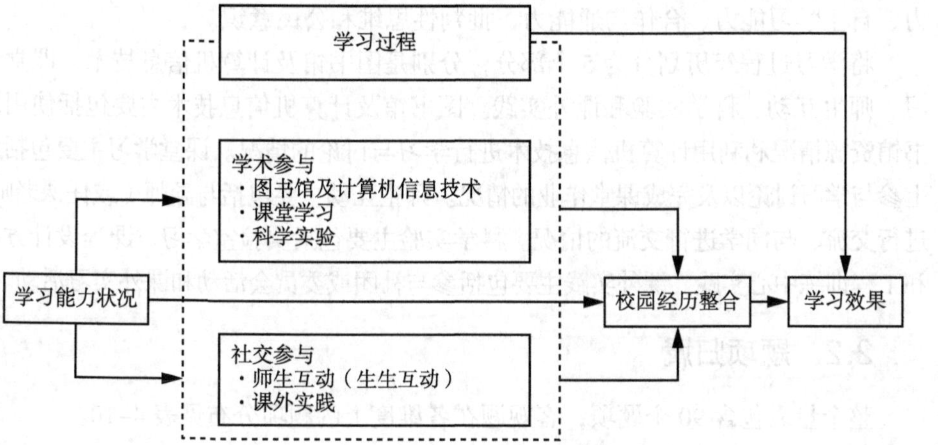

图 4-1 学习效果评价理论模型

2. 量表结构及实施方法

2.1 量表维度的确定与内涵

量表编制者在综述了相关价值增值评价的研究结果后得出结论，评价的目标和内容必须是学生应该掌握的技能和具备的素质，并且在其就读的学校和专业中，他们有条件习得这些被测评的目标。因此，评价量表总体可以分为两个部分，一是学习效果目标评价，二是学习效果过程经历。

国外学生学习效果评价的内容除了专业基础知识外，还包括对学生能力和素质的评价。具体来说，能力和素质主要包括 5 个方面：①实践应用能力，即将课程所学应用于实践工作中，将理论与实践相结合，比如工程分析与设计能力、解决问题的能力、工程实践操作技能等。②高层次思考能力，即在专业理论知识和跨学科综合知识的基础上，发展高层次的思维创新能力，比如集成创新能力、批判思维能力等。③人际交流能力，即在社会环境中，与他人和团队和谐相处，实现自身和社会的发展，比如团队合作能力、人际沟通能力等。④自我学习与发展能力，即紧随学习型社会的发展趋势，形成自我主动学习和终身学习与发展的能力与素养，比如信息阅读与收集能力、整合信息能力、终身学习能力等。⑤公民与道德素养，即成为现代公民和全球公民应具备的知识与能力素养，包括公民意识、公共事务参与能力、伦理道德等。在此基础上，量表编制者将有关学习效果的目标维度划分为 7 个部分，分别是工程设计能力、工程实践能力、集成创新能力、自主学习能力、合作沟通能力、批判性思维和公民意识。

将学习过程经历划分为5个部分，分别是图书馆及计算机信息技术、课堂学习、师生互动、科学实验和课外实践。图书馆及计算机信息技术主要包括使用图书馆资源情况和利用计算机信息技术进行学习与讨论的情况。课堂学习主要包括课上参与学习讨论以及完成课堂作业的情况。师生互动主要包括与导师（或任课老师）进行交流、与同学进行交流的情况。科学实验主要包括实验室学习、课程设计方案和工程训练中心实践。课外实践主要包括参与社团或委员会活动和课外实习活动。

2.2 题项归属

整个量表包含90个题项，客观题在各维度上的题项分布见表4-10。

表4-10 量表题项构成

量表维度		题项
学习效果目标评价	工程设计能力	第一部分第7、8、15、21、24题
	工程实践能力	第一部分第6、9、16、22、25题
	集成创新能力	第一部分第5、10、17、23题
	自主学习能力	第一部分第1、11、18题
	合作沟通能力	第一部分第2、12、19题
	批判性思维	第一部分第3、13、20题
	公民意识	第一部分第4、14题
学习效果过程经历	图书馆及计算机信息技术	第二部分第2、6、11、12、13、22、31、32、33题
	课堂学习	第二部分第1、7、8、9、10、14、21、23、34、36、37、39、45、46、47、57、58、59、60题
	师生互动	第二部分第3、15、19、20、35、38、40、43、44题
	科学实验	第二部分第4、16、24、25、41、42、48、49、50、51、61、62、63、64题
	课外实践	第二部分第5、17、18、26、27、28、29、30、52、53、54、55、56题

2.3 答案选项和记分方法

（1）采用李克特4点量表法进行记分，在每一道题目后，有1~4的数值选项，代表程度依次递增。在学习效果目标评价量表中1~4分别表示“没有”“很少”“比较多”“非常多”；在学习效果过程经历量表中，1~4分别表示“从未”“有时”“经常”“总是”。由学生在每一道题后选择符合实际情况的数值。

（2）所有题项均为正向记分。

3. 测量学指标

整个量表题项经过 5 次修改，最终形成定稿。第一版参照国外评价量表和上海交通大学人才培养实现矩阵，形成了目标题项 26 题、过程题项 55 题（总共 81 题）。第二版参考学生意见和建议进行修改完善，形成目标题项 25 题、过程题项 57 题（总共 82 题）。第三版参考教师意见和建议进行修改完善，形成了目标题项 25 题、过程题项 64 题、主观题 1 题（总共 90 题）。经过信效度检验后得到第四版学习效果评价量表（拟定稿）。增加量表开头语、信息填写栏以及感谢语后形成正式量表，正式量表包含目标题项 25 题、过程题项 64 题、主观题 1 题（总共 90 题）。采用 Cronbach's α 系数检验量表的信度。选取上海交通大学机械与动力工程学院试点班大二的 35 名学生完成量表，计算出评价量表总体信度以及学习效果目标评价分量表、学习效果过程经历分量表的信度分别为 0.975、0.903、0.970，具有较好的信度（见表 4–11）。根据因子分析对量表的结构效度进行论证。通过主成分法抽取和最大方差法旋转，针对学习效果提炼出的因子成分为 7 个，解释率为 80.32%，与量表本身对学习效果的维度分解相吻合。同时，对学习过程的题项同样进行因子分析，提炼出 12 个因子，解释率为 91.64%，根据提炼的因子，并结合已有的分析维度，将学习过程维度合并归总为图书馆及计算机信息技术、课堂学习、师生互动、科学实验以及课外实践 5 个部分。

表 4–11 评价文件信度分析结果

	题项数	Cronbach's α 值
学习效果目标部分	25	0.903
学习效果过程部分	64	0.970
总体情况	89	0.975

4. 应用情况

量表编制者[1]采用该量表开展了工科学生学习效果评价研究，在上海交通大学机械与动力工程学院机械工程及自动化专业（传统班）、机械工程及自动化国际化人才培养（试点班）和密西根学院机械工程专业（UM 班）大一至大四各选取一个班的学生进行测评。量表的前测于 2013 年 4 月初完成，共发放 400 份量表，回收 383 份，有效量表数为 376。后测于 2013 年 10 月底完成，共发放 400 份量表，回收 384 份，有效量表数为 384。主要研究结论如下：

（1）传统班学生经过半年学习，工程设计能力、工程实践能力和合作沟通能力整体上有显著增长，并且在科学实验和课外实践中的投入有显著增加。而集成创新能力、自主学习能力、批判性思维和公民意识无显著增长，在对图书馆及计算机信息技术的使用、课堂学习和师生互动方面前后测无明显差异。传统班学生学习效果的发展状态稍显滞后，在 1—2 年级和 2—3 年级阶段，各维度的增值都十分小，在 3—4 年级阶段增幅逐渐增大。

（2）试点班学生在前后测的半年之中，工程设计能力、工程实践能力、集成创新能力、自主学习能力、合作沟通能力和批判性思维维度整体上有显著增长，科学实验和课外实践的投入增幅明显。试点班学生学习效果的发展呈稳步增长的变化趋势。各年级阶段在各维度上均有不同幅度的增长。学习状态和学习收获相对稳定。

（3）UM 班学生经过半年学习，工程设计能力、工程实践能力、集成创新能力、自主学习能力、合作沟通能力和公民意识维度整体上有显著增长，并且图书馆及计算机信息技术、课堂学习、师生互动和科学实验等学习过程投入增幅明显。批判性思维能力和课外实践投入无显著差异。UM 班学生学习效果的发展呈波动曲折的变化趋势，1—2 年级阶段各维度增幅明显，2—3 年级阶段有所回落，3—4 年级阶段回升。

（4）通过分析学习效果 7 项维度和学习过程经历 5 项维度的相关性，得到如表 4–12 所示数据。可以发现，总体来看各项学习过程与学习效果目标有不同程度的相关性，学习过程经历是影响学习效果的重要因素。

表 4–12　学习效果目标与学习效果过程相关性检验结果（双侧）

	图书馆及计算机信息技术	课堂学习	师生互动	科学实验	课外实践
工程设计能力	0.862**	0.747**	0.840**	0.951**	0.852**
工程实践能力	0.751**	0.731**	0.835**	0.948**	0.932**
集成创新能力	0.888**	0.520	0.512	0.593*	0.287
自主学习能力	0.786**	0.587*	0.648*	0.634*	0.379
合作沟通能力	0.535	0.770**	0.761**	0.581*	0.469
批判性思维	0.909**	0.691**	0.636*	0.751**	0.539
公民意识	0.381	–0.032	–0.094	–0.102	–0.422

注：** 表示在 0.01 水平上呈显著相关；* 表示在 0.05 水平上呈显著相关。

参考文献

[1] 喻丹. 工科学生学习效果评价研究 [D]. 上海：上海交通大学，2013.（量表来源文献）

扫描二维码
获取量表

“翻转课堂”模式下学生课堂学习参与度量表

1. 概述

“翻转课堂”教学模式是教师在传媒技术的支持下，将直接学习从大群体学习空间转向个人学习空间，[1]把传统课堂上进行的教学内容提前至课堂教学前由学生自主完成，课堂则转化为在教师指导下通过提问、项目实践、深度研讨和协作学习等活动促进学生深化对概念的理解、解决实际问题的地方。[2][3][4]学习参与是指学生在学习过程中完成知识学习、技能学习和技术学习等所需的心理投入及努力，具体包含学习行为和情感两个方面的参与。[5]由此，课堂学习参与度是指在课堂教学时间域内学生在学习行为和情感两个方面的心理投入和努力程度。

中外学者对于“翻转课堂”教学模式下学生课堂学习参与的构成维度见仁见智，学生课堂学习参与程度的施测维度也因教育语境的不同而发生一定的变化，但学生课堂的心理反应和课堂具体学习行为却是公认的可以实测的重要方面，这为“翻转课堂”教学模式下学生课堂学习参与度量表的开发奠定了坚实的理论基础，也提供了研究框架。

2. 量表结构及实施方法

2.1 量表维度及内涵阐释

结合“翻转课堂”教学模式的教学本质和课堂教学活动的有机构成，量表将“翻转课堂”教学模式下学生课堂学习参与度分为注意力集中度、师生互动、生生互动、课堂兴趣度、批判性思维和课堂满意度 6 个维度。[6]各维度的具体内涵见表 4–13。

表 4-13 “翻转课堂”教学模式下学生课堂学习参与度测量维度阐释

维度	内涵
注意力集中度	学生课堂学习注意力集中的广度与稳定度
师生互动	学生提问、教师答疑、教师提问、学生回答、教师评价等活动过程中的互动
生生互动	学生课堂研讨和课前学习过程所产生的问题以及教师提出问题过程中学生的学习表现
课堂兴趣度	学生的学习动机和学生对课堂教学内容的认同度
批判性思维	学生的课堂思维品质与学习深度
课堂满意度	学生的课堂学习表现、教师表现和教学模式等

2.2 量表题项归属

该量表共包含 21 个题项，涵盖“翻转课堂”教学模式下学生课堂学习参与的 6 个维度。各维度题项归属见表 4-14。

表 4-14 “翻转课堂”教学模式下学生课堂学习参与度量表题项归属

维度	题项
注意力集中度	1、2、3、4
师生互动	5、6、7
生生互动	8、9、10
课堂兴趣度	11、12、13、14
批判性思维	15、16、17
课堂满意度	18、19、20、21

2.3 答案选项和记分方法

（1）采用李克特 5 点量表法进行记分，“非常不同意”记 1 分，“不同意”记 2 分，“不确定”记 3 分，“同意”记 4 分，“非常同意”记 5 分。

（2）所有题项均采用正向记分。

3. 测量学指标

为验证该量表的信效度，通过量表星在线收集数据，排除填写不完整、同一个答案等不合格量表，共收集 170 份有效量表。量表收集后项目成员将调查数据录入 SPSS 17.0 统计软件包进行分析。

独立样本 t 检验的结果显示：所有 t 值的 p 值均 <0.05（置信区间为 95%），结果表明量表的 21 个题项均具有统计学上的显著性差异，量表题项的合理性得到验证。

量表分维度的 Cronbach's α 系数在 0.606 至 0.869 之间（见表 4–15），均大于 0.6，说明量表各维度下的问题均指向的是同一个方面。总量表的 Cronbach's α 系数为 0.88，说明整个量表的问题均反映的是同一个概念（学生课堂学习参与度），量表各项目的内在一致性较高，稳定性较好。

KMO 检验值为 0.836，大于 0.7，Bartlett 球形检验值为 1 463.599，伴随性概率为 0.000，大于 0.001，说明可通过探索性因子分析对调查数据进行结构效度检验。

用 SPSS 17.0 对数据进行探索性因子分析（EFA），使用主成分分析法且特征值 >1 抽取公因子，并采用最大方差法对因子进行正交旋转。结果显示：量表最终得到 6 个公因子，累计方差解释量为 66.292%（>50%），且各条目的因子载荷均大于 0.4，公因子方差（共同度）均大于 0.5，表明量表有较好的结构效度。

通过验证性因子分析（CFA）来评估理论模型与实测数据的拟合程度，从而检验理论结构的正确性。从得出的各项指标可以看出（见表 4–15），测量模型与数据拟合较好，且所有指标的路径系数均大于 0.5。

量表每个维度的组合信度，均在 0.609 5 至 0.870 4 之间，所有维度的平均提取方差值（简称 AVE，即聚合效度）均大于 0.3（0.346~0.628 4）。这表明量表具有良好的聚合效度。

表 4–15　量表的测量学指标

维度	题项数	Cronbach's α 值	AVE	组合信度	模型拟合度指标
注意力集中度	4	0.827	0.554 3	0.826 8	χ^2=284.796，df=174，P 值 =0，χ^2/df=1.637 GFI=0.878，AGFI=0.838，RMR=0.04 CFI=0.933，IFI=0.935 NFI=0.830，NNFI=0.919 RMSEA=0.055
师生互动	3	0.662	0.404 3	0.666 5	
生生互动	3	0.718	0.509	0.751 4	
课堂兴趣度	4	0.791	0.499 3	0.795 4	
批判性思维	3	0.606	0.346	0.609 5	
课堂满意度	4	0.869	0.628 4	0.870 4	

由表 4–15 可见，"翻转课堂"教学模式下学生课堂学习参与度量表具有很好的信度和效度，能够较为客观地反映学生课堂学习的参与程度，是比较可靠的教

学质量测量工具。

参考文献

[1] WONG K, CHU W K. Is the flipped classroom model effective in the perspectives of students, perceptions and benefits? [J]. Lecture Notes in Computer Science, 2014 (8595): 93-104.

[2] TUCKER, B. The flipped classroom [J]. Education Next, 2012 (Winter): 82-83.

[3] 秦炜炜. 翻转学习：课堂教学改革的新范式 [J]. 电化教育研究，2013 (8): 84-90.

[4] 李斌，侯雨箫，魏岚. 翻转课堂研究综述 [J]. 教育现代化，2017 (20): 151-152.

[5] NEWMANN, F M. Student engagement and achievement in American secondary school [M]. New York: Teachers College Press, 1992.

[6] 赵富春，汤亚，倪亚红，等. “翻转课堂”模式下学生课堂学习参与度量表编制 [J]. 江苏高教，2021 (4): 66-72.（量表来源文献）

扫 描 二 维 码
获 取 量 表

第五章
学习兴趣

大学生课堂沉默量表

1. 概述

沉默（Silence）和表达（Voice）作为学生学习过程中的基本行为表现，反映了学生参与课堂和分享个人知识的程度，是影响高等教育质量的重要因素。现实中，尽管随着教育研究和实践的发展，学生主动分享个人观点的价值受到重视，但是沉默依旧在大学课堂中蔓延。沉默作为表达的反面，本质上是一种缺失性行为。相对于课堂中的活跃者而言，沉默者更容易被忽视和误解，因此有必要对沉默者的学习质量进行较为全面的评估，以更好地理解该群体。

对于沉默的定义，主要有两种观点：一是将沉默理解为一种心理倾向，即个人在交流中不愿意说话的心理状态和性格倾向；[1] 二是将沉默与期待相联系，认为沉默具有一定的情境性，不发音并不代表沉默。[2] 只有当个体被期望用语言表达但却没有表达时才被称为沉默。课堂沉默亦是如此，课堂沉默产生于教师期待回应和学生做出回应的间隙之间。[3] 在这个间隙中，每个人都在等待他人的回应。因此，课堂沉默不仅包括学生不能或拒绝回答问题，还包括学生不愿意提问、不愿意说出自己的理解、不愿意帮助他人理解和不愿意挑战他人的观点等等。影响课堂沉默的变量包括文化因素、教师因素、课堂环境因素和学生自身因素等。

"大学生课堂沉默量表"[4] 用于调查大学生的课堂沉默度。该量表将课堂沉默度定义为学生在不同情境中保持沉默的频率，进而从沉默行为的角度对沉默进行测量。量表的主体包括个人基本信息和大学生沉默分量表。

2. 量表结构及实施方法

2.1　量表维度及内涵阐释

量表包括两个部分：第一部分调查个人基本信息，包括个人背景情况（学校类型、专业、年级、性别、民族、户籍所在地）和家庭社会经济地位（父母学历、父母职业、家庭总月收入）等信息。第二部分为大学生沉默度量表和沉默的影响因素量表。有关沉默度量表具体包括5个观测变量，即学生回避教师的提问、不主动参与课堂讨论、不作为小组代表发言、不向老师或同学提问或请教、不质疑老师或同学的观点。

课堂沉默的影响因素量表包括4个二阶子维度、14个三阶子维度，即：院校环境因素（学校满意度、专业满意度、课程满意度）、教师因素（基本教学技能、教师开放度、提问策略）、班级因素（班级氛围、责任固定、班级开放度）、个体因素（能力不足、漠视心理、防御心理、亲社会心理、公众焦虑感）。（具体见表5-1）

表5-1　课堂沉默影响因素量表维度及内涵

二阶子维度	三阶子维度	维度内涵
院校环境因素	学校满意度	学生对学校所提供的各种教育活动或资源的满意程度
	专业满意度	学生对所学专业的兴趣和专业前景等的满意程度
	课程满意度	学生对所学课程在提升其能力方面发挥作用的评价
教师因素	基本教学技能	教师在教学过程中所展现出来的最基本的教学技能，比如设定学习目标、教学内容的阐释和学生学习结果的评价等
	教师开放度	教师对学生以及学生意见的开放程度。包含教师在授课过程中对学生学习的了解程度，对学生的启发诱导，学生发言时对学生的尊重程度，以及学生发言后的建设性反馈等
	提问策略	教师在提问过程中是否使用了一些技巧或方法，比如等待
班级因素	班级氛围	学生所在班级的大部分学生对课堂互动的参与程度
	责任固定	在一个班级中发言“任务”或“机会”集中到少数群体身上的程度
	班级开放度	反映了一个班级对于“特殊观点”的包容或欣赏程度
个体因素	能力不足	学生的知识储备和批判性思维能力不足
	漠视心理	学生对课堂发言价值的判断，认为发言是没有意义的，所以选择了沉默
	防御心理	学生担心因为自己的发言而让别人发现自身不足，因此是学生的一种自我防御机制

续表

二阶子维度	三阶子维度	维度内涵
个体因素	亲社会心理	一方面是不想得罪别人，害怕危及自身的人际关系，另一方面是为了维护自己友好、谦虚的个人形象
	公众焦虑感	学生对公众场合中讲话的焦虑程度

个人因素是导致学生沉默行为产生的最直接因素。学生个体因素分为3类。第一类为人口统计因素，包括性别、民族、籍贯、所在学校层次、年级、学科等。第二类为学生的个性心理特征。个性心理特征是指一个人身上经常地、稳定地表现出来的心理特点，主要包括气质、能力、性格。其中，气质（如多血质、胆汁质、黏液质和抑郁质）反映了个体心理过程的强度、速度、稳定性和指向性。个体的气质可能会影响学生在课堂上的沉默度。但由于气质是一种天生的、典型的、稳定的心理特征，即使证实了气质和沉默度的关系，也难以通过改变学生气质来打破课堂沉默，因此没有对气质和沉默度的关系进行考察。个性心理特征中的能力和性格，虽然具有相对稳定性，但也具有可教育性，所以研究转而探索沉默度与能力和性格的关系。第三类为社会心理特征。社会心理是在文化、家庭环境和教育等社会因素影响下形成的心理特征。

2.2 量表题项归属

该量表共包含57个题项，其中大学生沉默度量表包含题项1—5，沉默的影响因素量表包含题项6—57。沉默的影响因素量表各个维度的题项归属见表5-2。

表5-2 课堂沉默影响因素题项归属

二阶维度	三阶维度	题项
个人因素	亲社会心理	6、7、8、9、10、11
	公众讲话焦虑	12、13、14
	能力不足	15、16、17、18
	漠视心理	19、20、21
	防御心理	22、23、24
院校环境因素	学校满意度	25、26、27、28、29、30
	课程满意度	31、32、33、34
	专业满意度	35、36、37

续表

二阶维度	三阶维度	题项
班级因素	班级氛围	38、39、40、41
	责任固定	42、43、44
	班级开放度	45、46
教师因素	教师开放度	47、48、49、50、51
	基本教学技能	52、53、54
	提问策略	55、56、57

2.3 答案选项和记分方法

（1）采用李克特 4 点量表法进行记分，从“不符合”到“符合”共分为 4 个等级。

（2）题项 31、32、33、34、55、56、57 为反向记分，其他题项均采用正向记分。

3. 测量学指标

通过使用 AMOS17.0 数据进行验证性因子分析发现，沉默度量表 5 个观测变量的因素载荷值都高于 0.5，模型适配良好。在模型适配度检验中，整体适配度检验（CMIN）显著性概率值 $p=0.26>0.05$，接受虚无假设，表示假设模型与实际数据契合。此外，NFI=0.982>0.9，RFI=0.944>0.9，IFI=0.989>0.9，CFI=0.989>0.9，模型的各指标都达到适配标准。此外，通过内部一致性系数考察量表的信度，沉默度量表中 5 个观测变量的 Cronbach's α 值达到 0.774，超过 0.7，说明沉默度量表的信度良好（见表 5-3）。

表 5-3 沉默度量表的测量学指标值

	Cronbach's α 值	模型拟合指数
沉默度量表	0.774	各因子载荷值介于 0.5~0.95 之间，NFI=0.982，NNFI=0.90，CFI=0.989，IFI=0.989，RFI=0.944

沉默度影响因素量表的测量学指标主要通过对分量表的 KMO 和探索性因素分析来进行检验。结果发现含 52 个题项的沉默度影响因素量表主要由 4 个二阶

子维度、14 个三阶子维度构成。

4. 应用情况

量表编制者利用该量表进行了大学生课堂沉默及其影响因素研究，[1] 结果如下：

（1）通过聚类分析发现，调查对象中课堂沉默者占了 64.3%，而课堂活跃者仅占 35.7%，大学课堂中确实存在“沉默的大多数”。不同民族、学科和学校类型中沉默者和活跃者的比例差异显著。不同性别、户籍、年级中沉默者和活跃者的分布不存在显著差异。在沉默者的课堂活动参与方面，沉默者主动提出问题和质疑的频率比主动回答问题的频率低，以小组代表的身份做课堂发言的频率比一般的参与课堂讨论的频率低。

（2）在课堂沉默者的学习情感状态上，沉默者的学习动力（成就动机水平和学习兴趣水平）显著低于课堂活跃者，而沉默者体验到的疏离感（自我疏离感、社交孤立感、无力感和无规范感）却显著高于课堂活跃者。在沉默者的学习认知投入上，沉默者比活跃者更少地使用元认知策略和认知策略。在沉默者的学习行为投入上，沉默者不仅在课外学习投入时间低于课堂活跃者，而且在课外实践上的投入也低于课堂活跃者。在沉默者的学习产出上，沉默者不仅在省级文体比赛获奖次数和校级个人荣誉称号获得次数等方面低于活跃者，在专业实践能力、自主学习能力、独立思考能力、组织管理能力、口头表达与写作能力、为人处事能力、社会责任感的提升程度等方面都显著低于活跃者。在各方面能力中，沉默者较为重视自己的口头表达能力和专业实践能力，但其专业口头表达能力和专业实践能力却最低。

（3）引发学生个体因素分为 3 种类型：第一种是能力不足（不会说），即学生由于背景知识和批判性思维能力不足而无话可说。第二种是公众焦虑感（不敢说），学生因在公众面前发言感到焦虑而回避发言。第三种为社会心理原因（不愿说）。学生沉默与否取决于阻力的大小，而不是动力。在各种阻力因素中，对学生沉默度的影响程度从强到弱依次是能力不足、公众焦虑感、漠视心理、防御心理和亲社会心理。

（4）个体因素直接影响学生沉默度，但在环境因素方面，除了部分环境因素（教师开放度、教师基本教学技能）对学生沉默度产生直接影响之外，其他环境变量都是通过影响学生的思想观念和知识能力来间接影响学生沉默度的各个影响因素对沉默度的影响程度分别是：能力不足（0.45）、公众焦虑感（0.34）、漠视心理（0.26）、防御心理（0.15）、课程满意度（–0.13）、教师开放度（–0.13）、学校满意度（0.10）、专业满意度（–0.10）、亲社会心理（0.07）、基本教学技能（–0.05）、提问策略（–0.04）、课堂氛围（0.03）、班级开放度（–0.02）。

参考文献

［1］BURGOON J K. The unwillingness-to-communicate scale: Development and validation［J］. Communication Monographs, 1976（43）: 60–69.

［2］BILMES J. Constituting silence: Life in the world of total meaning［J］. Semiotic, 1994（9）: 73–87.

［3］PETRESS K. The ethics of student classroom silence［J］. Journal of Instructional Psychology, 2001, 28（2）: 104–107.

［4］张玲. 大学生课堂沉默及其影响因素研究［D］. 上海：华东师范大学，2015.（量表来源文献）

扫描二维码
获取量表

大学生体育学习兴趣量表

1. 概述

心理学理论认为，兴趣是人们积极认识某事物或优先从事某种活动的心理倾向，是主体在认识或实践过程中产生的一种积极向上的情绪，从而导致主体将其注意力经常集中或趋于某事物、积极从事该项活动的心理动力调节系统。在体育学习中，体育兴趣是大学生力求积极认识和优先从事体育活动的心理倾向，是影响大学生体育学习主动性、自觉性和持久性的主要心理动因。当学生对学习技术动作产生一定兴趣时，就会主动积极地进行学习，较快掌握技术动作，从而出现对体育运动的趋好，自觉养成锻炼习惯来达到强身健体的目的，为其终身参加体育锻炼打下坚实的基础。大学生的体育学习兴趣是建立在心理需要基础上的，不同学生有不同的需要，不同的需要会产生不同的兴趣，不同的兴趣会产生不同的动力。因此，大学生体育学习兴趣的量表首先从心理学的视角出发进行编制，进而通过因子分析，将体育运动兴趣量表的维度分为积极性、消极性、技能学习、业余爱好和体育关注度。[1]

需要指出的是，在应用该量表时应注意适用人群，切忌生搬硬套。该量表只对大学生体育学习兴趣的测量具有较高的信度，不宜用于所有人群体育学习兴趣的测量。在针对非大学生群体或非体育学习兴趣进行测量时，工作人员需重新设置情境并重新检验信效度。

2. 内容及实施方法

2.1 量表的题项归属

量表共 27 题，通过因子分析，将量表的维度分为 5 个，即积极性、消极性、技能学习、业余爱好、体育关注度。具体的题项归属见表5-4。

表5-4 量表题项归属

量表维度	题项
积极性	1、2、3、4、5、6
消极性	7、8、9、10、11、12
技能学习	13、14、15、16、17
业余爱好	18、19、20、21、22
体育关注度	23、24、25、26、27

2.2 答案选项和记分方法

（1）采用李克特5点量表法进行记分，“完全不同意”记1分，“不同意”记2分，“说不清楚”记3分，“同意”记4分，“完全同意”记5分，分数越高代表兴趣水平越高。

（2）第1~6、19题为反向记分题，其他题项均为正向记分题。

3. 测量学指标

（1）量表在研制过程中，邀请了在运动教学领域内具有多年教学经验的10位教授，针对量表的预试版本提出很多改进的意见和建议，确保了量表的专家效度。

（2）采用因子分析对量表题项的结构效度进行检验（见表5-5）。量表的KMO值为0.810，Bartlett球形检验值为8 568.168，自由度为839，显著性水平为0.000，说明样本很适合进行因子分析。在进行因子分析时选取特征值大于1，积累贡献率大于70%的因子。共选取5个公因子，特征值均大于1，积累贡献率达70.385%。进而根据5个公因子所测量的方向分别对其所代表的维度进行命名，即积极性、消极性、技能学习、课余活动、体育关注度。

表5-5 取样适当度量KMO值和巴特莱特球形检验

Kaiser-Meyer-Olkin Measure of Sampling Adequacy		0.810
Bartlett's Test of Sphericity	Approx. Chi-Square	8 568.168
	df	839
	Sig.	0.000

（3）运用因子间的相关性对量表的结构信度进行检验，结果见表 5-6。5 个维度间除了第二维度消极性和其他 4 个维度间呈中等程度的负相关外，其他维度之间均呈中等程度的正相关（$p<0.01$）。这说明量表各维度间所测量的心理特质相对独立，而且量表具有良好的结构信度。

表 5-6　各维度间的相关矩阵

	积极性	消极性	技能学习	课余活动	体育关注度
积极性	1.000				
消极性	−0.377**	1.000			
技能学习	0.477**	−0.552**	1.000		
课余活动	0.541**	−0.421**	0.431**	1.000	
体育关注度	0.484**	−0.277**	0.360**	0.301**	1.000

注：** 表示 $p<0.01$。

（4）采用重测法来检验量表的外在信度，结果见表 5-7。重测之后的量表 5 个维度题项与初试量表 5 个维度题项间的积差相关在 0.847 至 0.906（$p<0.01$）之间，呈高度相关。因此，量表具有良好的外部信度。

表 5-7　量表的外部信度系数

维度	r
维度 1：积极性	0.906**
维度 2：消极性	0.847**
维度 3：技能学习	0.903**
维度 4：课余活动	0.884**
维度 5：体育关注度	0.906**
总量表	0.903**

注：** 表示 $p<0.01$。

参考文献

[1] 顾海勇，解超．大学生体育学习兴趣评价量表的编制［J］．广州体育学院学报，2012，32（3）：122-124.（量表来源文献）

扫 描 二 维 码
获 取 量 表

大学生学业兴趣量表

1. 概述

学业兴趣是指个体为探究事物而带有强烈情绪色彩的认识倾向。[1]它在学习活动中产生，又成为学习动机中最现实和最活跃的因素，它使学习活动变得积极主动，从而获得较好的效果。兴趣可分为直接兴趣和间接兴趣两种，前者由客观事物或学习活动本身所引起，后者指的是因活动的结果而产生的兴趣。事物能否引起个体的直接兴趣，主要取决于其特性及其与已有经验和行为习惯的联系。凡是相对强烈、对比鲜明、不断变化或突发性的新意刺激都会引起直接兴趣。间接兴趣的产生，主要取决于活动的目的和任务，或活动结果对个体的意义和价值。这两种兴趣在实践中常常是融合在一起的。

大学生的学业兴趣是指大学生对学业活动表现出认同、积极思考、探索和追求的态度和情绪。该量表是在大学生学业兴趣理论结构基础上，结合文献综述、开放式量表调查和访谈、初测和预测结果编制而成的。[2]该量表具有较好的信度和效度，可用于调查大学生的学业兴趣。

2. 量表结构及实施方法

2.1 量表维度及内涵阐释

该量表由 3 个维度构成，分别是愉快热情、自信、成就感。愉快热情指的是能够以愉快的心情或情绪对待学业，或者对待学习充满热情；自信指的是对待学业充满信心；成就感指的是在学习中达到某种目标之后的喜悦感、满足感。

2.2 量表题项归属

量表共包括14道题项，各维度的题项归属见表5-8。

表5-8 大学生学业兴趣量表题项归属

维度	题项
愉快热情	1、5、6、8、13、14
自信	2、3、7、9、10
成就感	4、11、12

2.3 答案选项和记分方法

（1）采用李克特5点量表法进行记分，从1到5表示从“完全不符合”到“完全符合”。所有题项分值的总和即大学生学业兴趣的得分，分数越高，大学生的学业兴趣越高。

（2）第14题为反向记分，其他题项均为正向记分。

3. 测量学指标

为验证量表的信效度，量表编制者采用了分层随机抽样法，在山西大学抽取不同年级、不同专业和不同性别的被试200名，收回有效量表166份。计算量表的Cronbach's a系数，发现各系数指标都大于0.7(见表5-9)，说明量表的信度良好。

表5-9 大学生学业兴趣量表信度分析结果

维度	Cronbach's α 值
总量表	0.860 6
愉快热情	0.775 8
自信	0.716 1
成就感	0.836 5

量表各题项、因子与总分的相关性相对较高，而各题项之间的相关性则相对较低，表明量表的结构符合量表编制的基本要求，具有较好的结构效度。该量表与马惠霞[3]编制的大学生一般学业情绪量表（校标量表）之间具有显著的相关

关系（见表 5-10），说明本量表具有较好的效标关联效度。

表 5-10 大学生学业兴趣量表与效标量表的相关关系

	焦虑	厌烦	放松	失望	自豪	羞愧	愉快	希望	气愤	兴趣
大学生学业兴趣	−0.110	−0.524	0.516	−0.355	0.653	−0.163	0.585	0.730	−0.013	0.571

4. 应用情况

该量表曾应用于大学生学业兴趣的实证研究。[2] 采用分层随机抽样的方法在山西大学、太原理工大学、太原师范学院抽取不同年级、不同专业和不同性别的被试 850 名，获得有效量表 752 份。部分研究结果如下。

1）大学生学业兴趣存在性别上的显著差异

通过独立样本 t 检验进行统计分析我们发现，大学生学业兴趣在性别上存在显著性差异（见表 5-11）。女生的学业兴趣显著高于男生。

表 5-11 大学生学业兴趣的性别差异检验

维度	男（n=389）		女（n=363）		t	Sig.（双尾）
	M	SD	M	SD		
愉快热情	24.23	4.684	25.23	4.642	−2.930	.003**
自信	16.23	2.780	17.08	2.329	−4.535	.000***
成就感	10.56	2.315	11.38	2.118	−5.071	.000***
学业兴趣	51.02	8.365	53.69	7.798	−4.520	.000***

注：* 表示 $p<0.05$，** 表示 $p<0.01$，*** 表示 $p<0.001$。

2）大学生学业兴趣存在学科类别上的显著差异

通过独立样本 t 检验进行统计分析我们发现，大学生学业兴趣在学科类别上存在显著差异（见表 5-12）。文科学生的学业兴趣显著高于理科学生。具体到每一维度的统计分析发现，文科学生在愉快热情、成就感维度上显著高于理科学生。在自信维度上二者的差异不显著。

表 5-12　大学生学业兴趣的学科类别差异

维度	文科（n=375）		理科（n=376）		t	Sig.（双尾）
	M	SD	M	SD		
愉快热情	25.14	4.493	24.27	4.831	2.571	0.010*
自信	16.62	2.489	16.65	2.721	−0.187	0.852
成就感	11.23	2.104	10.68	2.371	3.369	0.001**
学业兴趣	52.99	7.983	51.60	8.351	2.333	0.020*

注：* 表示 $p<0.05$，** 表示 $p<0.01$，*** 表示 $p<0.001$。

3）大学生学业兴趣在年级上的差异不显著

进一步统计分析发现，大学生学业兴趣在年级上的差异不显著（见表 5-13）。

表 5-13　大学生学业兴趣的专业差异

	M	SD	大一	大二	大三	大四
大一	52.02	7.970	1	−0.766	−0.027	−0.700
大二	52.79	8.443		1	0.739	0.066
大三	52.05	8.041			1	−0.673
大四	52.31	8.201				1

注：* 表示 $p<0.05$，** 表示 $p<0.01$，*** 表示 $p<0.001$。

参考文献

[1] 朱智贤．心理学大辞典［M］．北京：北京师范大学出版社，1989.

[2] 何娟．大学生学业兴趣及相关因素研究［D］．太原：山西大学．（量表来源文献）

[3] 马惠霞．大学生一般学业情绪量表的编制［J］．中国临床心理学杂志，2008，16（6）：594–596.

扫 描 二 维 码
获 取 量 表

第六章 学习动机

大学生学习动机量表

1. 概述

大学生学习动机量表由池丽萍、辛自强于2006年研制而成。[1]该量表是对阿玛比尔（Amabile）等编制的学习动机量表[2]的本土化。

动机是由一种目标或对象所引导的激发和维持个体活动的内在心理力量。它是大部分人类行为的基础。通过对人类动机的了解，人们可以对个体行为做出解释和预测，因此动机研究一直是心理学的重要研究领域。理论上可将动机明确分为内生动机和外生动机。[3]内生动机是个体为了寻求挑战和乐趣，满足好奇心而参与活动的倾向；而外生动机是个体为了活动本身之外的其他因素，如奖励、他人的认可和评估、完成上级的指示、与他人竞争等而参与活动的倾向。

量表针对大学生群体进行了修订，其多种信效度指标都十分理想，因此适合对大学生学习动机的测量。

2. 量表结构及实施方法

2.1 量表维度及内涵阐释

通过因素分析得到了内生和外生动机分量表的组成维度。内生动机包括挑战性和热衷性2个维度；外生动机包括依赖他人评价、选择简单任务、关注人际竞争和追求回报4个维度。这也使内生和外生动机的内涵更明确。内生动机较强的个体偏爱挑战，倾向于选择和解决复杂的问题，从事某项活动更多的是出于好奇和兴趣，因此对工作十分投入，并能从中体验到乐趣。而外生动机强的个体倾向选择简单的任务，以求在竞争中更易获得成功，得到他人的认可和积极评价，或者为了得到金钱、地位、赏识或提升的机会而参与活动。总之，推动外生动机强的个体投入行动的通常是活动内容之外的外界诱因。因此，在工作或活动过程中，个体不会体会到乐趣，只有在完成活动后，成功地得到奖励或回报时才会感到愉快。

2.2 量表题项归属

量表共包括30个题项，分布情况见表6–1。

表6–1 量表题项分布

维度		题项
内生动机	挑战性	3、5、7、10、13、17、26、27
	热衷性	8、11、20、22、23、30
外生动机	依赖他人评价	1、15、16、18、19、24
	选择简单任务	2、9、14、21
	关注人际竞争	4、6、28、29
	追求回报	12、25

2.3 答案选项和记分方法

（1）量表采用李克特4点量表法进行计分，分别是完全符合、基本符合、基本不符合、完全不符合，得分依次为4、3、2、1，得分越高表示学习动机越强。

（2）题项1、16为反向记分题，其他题项均为正向记分题。

3. 测量学指标

为检验量表的信效度，量表编制者选取北京某综合大学270名大学本科三年级的学生为被试，其平均年龄为21.23岁。被试中男生91名，女生179名；63人来自农村，其余来自县城及以上城市；专业分布近30个。分析量表发现，量表的信度指标较高（见表6–2），适用于大学生学习动机的测量。

表 6-2 大学生学习动机量表及其各维度的信度指标

	维度	初测信度值	四周后重测信度值
内生动机	二阶维度总体	0.78	0.88
	挑战性	0.74	0.85
	热衷性	0.66	0.85
外生动机	二阶维度总体	0.80	0.83
	依赖他人评价	0.71	0.68
	选择简单任务	0.69	0.77
	关注人际竞争	0.69	0.69
	追求回报	0.57	0.50
总量表		0.75	0.77（分半信度）

4. 应用情况

该量表曾被应用于测量大学生学习动机及其与自我效能感的关系。[1] 研究比较了男女生在学习动机强度上的差异，结果发现，男生在内生动机分量表上的得分显著高于女生，但在外生动机分量表上两个群体的差异不显著。在分量表各维度上，男生在挑战性维度上的得分显著高于女生，而女生在依赖他人评价维度上的得分显著高于男生，其他维度上男女生得分不存在显著差异。具体结果见表 6-3。

表 6-3 大学生学习动机的性别差异

	内生动机	外生动机	挑战性	热衷性	选择简单任务	追求回报	关注人际竞争	依赖他人评价
男生	2.99 ± 0.41	2.47 ± 0.49	2.89 ± 0.47	3.13 ± 0.50	2.55 ± 0.71	2.18 ± 0.75	2.49 ± 0.69	2.51 ± 0.62
女生	2.86 ± 0.44	2.52 ± 0.47	2.71 ± 0.47	3.06 ± 0.52	2.56 ± 0.64	2.06 ± 0.77	2.45 ± 0.74	2.72 ± 0.57
t	2.31*	−0.86	2.72**	0.98	−0.14	1.32	0.45	−2.80**

注：* 表示 $p<0.05$，** 表示 $p<0.01$。

参考文献

[1] 池丽萍，辛自强. 大学生学习动机的测量及其与自我效能感的关系［J］. 心理发展与教育，2006（2）：64-70.（量表来源文献）

[2] AMABILE T M，HILL K G，HENNESSEY B A，et al. The work preference

inventory: Assessing intrinsic and extrinsic motivational orientations [J]. Journal of Personality and Social Psychology, 1994, 66 (5): 950–967.

[3] DECI E L, RYAN R M. Intrinsic motivation and self-determination in human behavior [M]. New York: Plenum Press, 1985.

扫描二维码
获取量表

远程学习者学习动机量表

1. 概述

远程学习者学习动机量表由王迎、彭华茂和黄荣怀于 2006 年编制完成。[1]远程教育具有不同于传统教育的特点，它属于某种特定的教育类型，有一个相对统一的入学标准，年龄相当，学习精力相当，经过统一的入学考试等。远程学习者在年龄、学习经历、工作经历、生活经历以及当前所处状态等方面的差异都非常大。已有研究表明，学生的学习受多方面因素的影响，尤其受学习动机的支配。随着远程学习者人数的不断增加，人们也越来越关注远程学习者的学习效果与质量，同时随着学习动机与学业成就方面的研究逐渐深入，远程学习者学习动机研究变得越来越重要与迫切。所谓学习动机是指直接推动学生进行学习的一种内部动力，是激励和指引学生进行学习的一种需要。

编制者结合远程教育的本质属性和奥苏贝尔的学习动机分类理论，[2]以认知内驱力、自我提高内驱力和附属内驱力 3 个维度为学习动机的内在维度，并对已有的成人学习动机量表，[2]加以修改和删减，最终形成了包含 33 个题项的远程学习者学习动机量表。

2. 量表结构及实施方法

2.1　量表维度及内涵阐释

量表 3 个维度的具体内涵见表 6-4。

表 6-4　远程学习者学习动机量表各维度内涵

维度	具体内涵
认知内驱力	包括求知兴趣和提高自身的专业能力及理论水平，这是内部动机，表明学习者参与远程学习主要是基于自身求知的欲望和兴趣，他们希望不断获取知识、更新知识以充实自己
自我提高内驱力	远程学习者参与学习是基于他们个人职业发展上的考虑，他们希望能因自己的胜任能力或工作能力而赢得相应地位的需要，这是一种外部动机
附属内驱力	远程学习者参与学习是为了顺从或满足来自外界的要求或期望，对于他们来讲，外界主要是指单位领导、师长、配偶、父母、子女、朋友或其他有影响的人士

2.2　量表题项归属

量表共 33 个题项，涵盖 3 个维度，各题项归属见表 6-5。

表 6-5　量表题项归属

维度	题项
认知内驱力	1—11
自我提高内驱力	12—22
附属内驱力	23—33

2.3　答案选项和记分方法

（1）采用李克特 4 点量表法进行记分，选项分别为“完全符合”“基本符合”“基本不符合”“完全不符合”，依次记分为 4，3，2，1。分数越高表示远程学习者的学习动机越高、越强。

（2）所有题项均采用正向记分。

3. 测量学指标

为研制量表的信效度，随机抽取广东深圳、天津、广西桂林、云南昭通 4 个学习中心的 250 名远程学习者作为施测对象，收回量表 239 份，其中有效量表 213 份，量表有效率为 89.12%。男生占 39.4%，女生占 60.6%，年龄在 20 岁至 50 岁之间。经过分析，题项的鉴别度都很高，总体信度也很好，达到了 0.877，各个分维度的信度也均达到心理学对态度量表的要求。信效度指标分别见

表 6–6、表 6–7。

表 6–6　远程学习者学习动机量表及其各维度信度系数

维度	Cronbach's α 值
认知内驱力	0.805
自我提高内驱力	0.775
附属内驱力	0.789
总体	0.877

表 6–7　量表结构拟合指数

拟合指数	χ^2	p	χ^2/df	NFI	IFI	TLI	RMSEA
数值	1 086.054	0.493	2.203	0.934	0.963	0.957	0.075

4. 应用情况

量表编制者曾应用该量表对远程学习者的动机倾向类型和学习动机强度进行调查研究。[1] 主要结果包括以下两点：

1）动机倾向类型分析

按照被试在量表各维度上的得分对被试的动机类型进行分类。被试在某一维度得分最高，其学习动机即以此类倾向为主导。213 位远程学习者的学习动机分布如表 6–8 所示。

表 6–8　总量表与三个维度的信度分析

学习动机	人数 / 人	比例 / %
认知内驱力	105	49.3
自我提高内驱力	74	34.7
附属内驱力	14	6.6
混合型	20	9.4

进一步统计检验发现上述 4 种学习动机倾向之间存在显著差异（χ^2=108.070，df=3，p<0.01）。

通过对远程学习者的性别、婚姻、对计算机知识的掌握程度、家庭所在地 4 个人口学变量进行分析，我们发现不同性别、不同婚姻状态、不同地理位置、不同计算机经验对远程学习者的学习动机倾向无显著影响。

2）学习动机强度分析

根据远程学习者学习动机得分的高低来分析他们动机的总体强度，我们发现被试的平均得分为 98.94 分，这表明其学习动机不强。

采用独立样本 t 检验分析不同人口学特征的远程学习者发现，不同性别的远程学习者的学习动机呈显著差异，男性学习者的学习动机显著低于女性。不同婚姻状态的远程学习者的学习动机呈显著差异，未婚学习者的学习动机显著高于已婚学习者的学习动机。单因素方差分析发现，城市和乡村的远程学习者的学习动机存在显著差异，但乡村和县镇的学习者之间没有显著差异。城市学习者的学习动机显著高于乡村学习者。对计算机知识掌握情况不同的学习者之间的学习动机差异显著，熟练掌握计算机知识的学习者之学习动机显著高于对计算机知识掌握得不好的学习者。

参考文献

［1］王迎，彭华茂，黄荣怀．远程学习者学习动机测量工具的编制与应用［J］．开放教育研究，2006，12（5）：74–78.（量表来源文献）

［2］陈琦，刘儒德．当代教育心理学［M］．北京：北京师范大学出版社，1997.

扫 描 二 维 码

获 取 量 表

大规模在线课程学习动机量表

1. 概述

大规模在线课程学习动机量表由陈梅芬于2017年编制完成。[1]该量表在"非约束条件下成人在线学习动机量表"的基础上，[2]构建了20道题项的初始量表，通过探索性因子分析和验证性因子分析，最终形成一个包含4个维度、13个题项的正式量表。

陈梅芬认为，学习动机是激发、维持学习者学习行为的内部力量，它也是环境刺激与学习行为变化之间的中介变量。大规模在线课程是指在课程数量和规模上具有较大影响力的在线课程，具体包含在线课程教学内容、教学活动和教学支撑环境3大要素。

量表的应用对象是大规模在线课程学习者，既包含慕课学习者，也包含企业培训参加者、个人付费学习者。

2. 量表结构及实施方法

2.1 量表维度及内涵阐释

该量表共有13道题项，包含认知兴趣、职业发展、人际关系、外界影响4个维度，其具体内涵见表6–9。

表6–9 大规模在线课程学习动机量表维度的具体内涵

维度	具体内涵
认知兴趣	满足求知欲或自己的兴趣
职业发展	提高工作能力或寻求升职机会

续表

维度	具体内涵
人际关系	在学习环境中与他人进行人际接触、寻求归属感或结交新朋友
外界影响	满足外界对自身的期望或要求，如家人、朋友、上级等的期望

2.2 量表的题项归属

量表的题项归属见表 6-10。

表 6-10 量表题项归属

维度	题项
认知兴趣	1—3
职业发展	4—6
人际关系	7—10
外界影响	11—13

2.3 答案选项和记分方法

（1）以李克特 5 点量表法进行记分，“完全不符合”“基本不符合”“不确定”“基本符合”“完全符合”依次赋值为 1，2，3，4，5。

（2）所有题项均采用正向记分。

3. 测量学指标

为验证量表的测量学指标，量表编制者通过“量表网”分别向在校学生和企业人员等不同群体发放量表，具体包括大规模在线开放课程学习者，“高校付费、学生免费”的大规模在线课程学习者，个人付费的大规模在线课程学习者，企业培训参加者等在线课程学习者，回收有效量表 573 份。量表结构效度指标见表 6-11，可见量表具有良好的结构效度。

表 6-11 大规模在线课程学习动机量表结构效度的拟合指标

拟合指数	χ^2/df	ECVI	RMSEA	SRMR	NNFI	GFI	AGFI
数值	3.85	1.57	0.04	0.04	0.90	0.91	0.89

4. 应用情况

该量表曾应用于“大规模在线课程用户体验与学习动机的关系”这一研究中。部分研究结果如下：

（1）不同性别学习者在学习大规模在线课程时，除在“提高个人专业能力”方面女性的学习动机显著高于男性（$F=5.325$，$p=0.015$）外，其他方面并无明显差异。

（2）通过对不同年龄阶段的学习者进行分析发现，18 岁及以下和 40 岁及以上的大规模在线课程学习者的学习动机显著低于其他年龄段学习者，而 31—39 岁的学习者显示出最高的学习动机。

（3）不同学历学习者在大规模在线开放课程上的学习动机存在显著差异，学历越高的学习者越“希望学习到新的知识”，硕士研究生及以上学历的学习动机最高，初中及以下学历的学习动机最低，可见高学历人士参加大规模在线开放课程更多的是因为认知兴趣。在“取得资格证书”方面，高中生得分最高，研究生得分最低。最希望通过参加大规模在线课程学习“增加收入或提高薪酬”的是大专生。通过大规模在线课程学习“结交新朋友，拓展社交圈”“希望能够被他人接纳”这两个题项中，高中生表示出最高的认同感，而研究生的认同感最低，显示出高中生人际交往意愿较为强烈。

（4）不同性质的工作单位的学习者在参加大规模在线课程学习时的动机存在显著差异。希望通过在线课程的学习“提高个人专业能力”的群体主要是企事业单位的人员，不是在校学生。在“增加收入或提高薪酬”方面，事业单位的学习者均值最低，在企业工作的学习者均值最高。在“结交新朋友，拓展社交圈”方面，在事业单位工作的学习者认同值最高。

参考文献

[1] 陈梅芬. 大规模在线课程用户体验与学习动机的关系研究［D］. 武汉：华中师范大学，2017.（量表来源文献）

[2] 吴峰，王辞晓，李杰. 非约束条件下成人在线学习动机量表编制［J］. 现代远程教育研究，2015（4）：60-65.

扫描二维码
获取量表

成人在线学习动机量表

1. 概述

成人在线学习动机量表由吴峰、王辞晓、李杰于2015年编制而成。[1]随着信息技术的快速发展，在线学习将成为终身学习的主要方式。越来越多的企业员工、政府公务员、学校教师和社会工作者都将采取在线学习的方式来实现终身学习。这种基于终身学习理念的在线学习是一种主动的、非学历的学习，也被称为非约束条件下的学习。例如，成千上万来自社会各行各业的学习者选修高校MOOC课程，企业E-Learning中员工的自发性学习，都属于这种性质的学习。与"非约束条件下的学习"相对应的概念是"约束条件下的学习"，例如高校网络教育学院中成人学生的主要学习目标是获得学历证书，即是一种约束条件下的学习。该量表适用于非约束条件下所有类型的成人在线学习动机的测量。

量表以已有相关研究为基础和借鉴，以大量调查数据为依据，通过8次探索性因子分析以及信效度检验，最终确定了由6个维度、共计43个题项组成的量表。该量表体现了在线学习的重要特征，即学习者在终身学习理念的驱动下更强调学习的主动性，使认知兴趣维度对学习动机量表的贡献度有所增强。

2. 量表结构及实施方法

2.1　量表维度及内涵阐释

量表涵盖认知兴趣、职业发展、人际关系、摆脱常规、外界影响、社会服务等6个维度，其具体内涵见表6-12。

表 6–12　成人在线学习动机量表维度的具体内涵

维度	具体内涵
认知兴趣	满足求知欲或自己的兴趣
职业发展	提高工作能力或寻求升职机会
人际关系	在学习环境中与他人进行人际接触、寻求归属感或结交新朋友
摆脱常规	给生活带来改变，摆脱或逃避现状
外界影响	满足外界对自身的期望或要求，如家人、朋友、上级等的期望
社会服务	参与社会服务或为他人做贡献

2.2　量表的题项归属

量表共 43 个题项，涵盖表 6–12 中的 6 个维度，各题项归属见表 6–13。

表 6–13　成人在线学习动机量表的题项归属

维度	题项
认知兴趣	1—8
职业发展	9—13
人际关系	14—23
摆脱常规	24—30
外界影响	31—36
社会服务	37—43

2.3　答案选项和记分方法

（1）采取李克特 5 点量表法进行记分，“非常同意” 记 5 分，“比较同意” 记 4 分，“一般” 记 3 分，“较不同意” 记 2 分，“非常不同意” 记 1 分。

（2）所有题项均为正向记分。

3. 测量学指标

为验证量表的测量学指标，选取非约束类型的成人在线学习者为调查对象，其中部分对象来源于一门面向社会开放的 MOOC 课程中的成人学习者，部分对象来源于一家企业在线学习系统中的员工学习者。MOOC 学习者、企业在线学习者都不会获得学历证书，他们都是主动学习，与非约束类型的在线学习界定相一致。

学习动机量表各维度及总量表的 Cronbach's α 系数见表 6-14，系数均大于 0.85，具有较高的内部一致性，因此可以认为量表具有较高的可靠性。

表 6-14 成人在线学习动机量表的信度系数

维度	Cronbach's α 值
认知兴趣	0.895
职业发展	0.854
人际关系	0.953
摆脱常规	0.933
外界影响	0.898
社会服务	0.941
总体	0.958

在效度测量方面，通过探索性因子分析的发现，量表各维度包含的题目对各个因子的负荷值介于 0.524 至 0.859 之间，解释变异量（因子贡献率）达 70.584%，因而可以认为该量表具有良好的结构效度。

4. 应用情况

量表编制者对非约束条件下的成人在线学习动机量表进行了调查研究。[1] 通过向北大 MOOC 课程平台、中国电信学院在线学习系统、华为企业 MOOC 平台、北京市干部在线学习平台上的成人学习者发放网络调查量表，共获得有效量表 653 份。在所调查的成人学习者中，男性有 364 人、女性有 289 人。对这些成人在线学习者的学习动机进行总体比较，结果如下：

（1）我国成人在线学习动机的整体强度处于及格水平，其中认知兴趣的得分最高，说明我国成人在线学习主要为认知兴趣驱动。而外界影响得分最低，说明同事、朋友、上级对于成人在线学习意愿的影响不大。

（2）虽然女性成人学习者的学习动机略高一点，但男女差异并不显著。在认知兴趣上，女性略高于男性。在其他 5 个维度上，男女得分基本一致。

参考文献

[1] 吴峰，王辞晓，李杰. 非约束条件下成人在线学习动机量表编制 [J]. 现代远程教育研究，2015（4）：60–65.（量表来源文献）

扫 描 二 维 码
获 取 量 表

大学生学习动机量表

1. 概述

大学生学习动机量表由杨渝川等于1996年编制而成。[1]学习动机是直接推动学生学习以达到一定学习目的的内部动力，历来是教育工作者研究的重点。黄希庭等[2]对我国大学生需要结构的调查发现，大学生的需要可分为6种基本类型：生理需要、安全需要、交往需要、尊敬的需要、发展的需要、贡献的需要。该量表依据这6种需要在学习动机上的体现，并参照国内外有关学习动机和学业成就动机的量表，共罗列了26种学习动机，随机排列后，要求大学生进行自我评定。对868份有效量表的结果进行分析后发现，量表的6个维度与6种需要的设想比较一致，说明量表的构想效度比较高。其中，生理需要对应“物质追求的动机”，安全需要对应“害怕失败的动机”，交往需要对应“小群体取向的动机”，尊敬的需要对应“个人成就的动机”，发展的需要对应“求知进取的动机”，贡献的需要对应“集体取向的动机”。

2. 量表结构及实施方法

2.1 量表维度及内涵阐释

量表将大学生学习动机归纳为6个维度/因素，各维度的具体内涵如表6–15所示。

表6–15 大学生学习动机量表维度内涵

维度	具体内涵
求知进取	为满足充实、丰富、提高自己的需求或追求真理、成才、成功的需求，或为获得美的享受等而产生的学习行为的内部动力

续表

维度	具体内涵
集体取向	为维护集体荣誉、报效社会、追求社会进步等而产生的学习行为的内部动力
物质追求	为追求美好生活、家庭、事业而产生的学习行为的内部动力
害怕失败	因害怕面对失败的结果，如无法面对自己、亲人等而产生的学习行为的内部动力
个人成就	为追求名声、权力、地位、理想伴侣等而产生的学习行为的内部动力
小群体取向	为了取悦、报答他人而产生的学习行为的内部动力

2.2 量表的题项归属

量表包含 26 个题项，涵盖学习动机的 6 个维度，题项分布见表 6-16。

表 6-16 大学生学习动机量表题项分布

维度	题项
求知进取	1—6
集体取向	7—12
物质追求	13—16
害怕失败	17—20
个人成就	21—23
小群体取向	24—26

2.3 答案选项和记分方法

（1）采用李克特 3 点量表法进行记分，“自己没有这种学习动机”记 1 分，“对自己是否有这种学习动机不确定”记 2 分，“自己有这种学习动机”记 3 分。

（2）所有题项均为正向记分题。

3. 测量学指标

量表编制好后被用于测试全国 9 所高校的 1 035 名学生，包括九零级至九三级 4 个年级，获得有效量表 868 份，其中男生 498 人、女生 370 人。经检验，量表的分半信度大于 0.70。量表编制者并没有进一步检验量表的其他测量学指标，但量表编制好后经常被其他研究者用作自己的研究工具。

4. 应用情况

该量表的应用较为广泛，如徐姗姗[3]应用该量表对我国综合性大学本科生的学习动机开展实证研究，所得研究结果如下。

1）学习动机的总体状况

我国综合性大学本科生学习动机总体状况见表 6-17。6 类学习动机按照得分由高至低排序，依次为求知进取、集体取向、物质追求、害怕失败、个人成就、小群体取向。将综合性大学本科生这 6 类学习动机的调查结果，与以前普通高校的调查相比较可以看出，综合性大学本科生学习动机与普通高校本科生学习动机相比有共同之处，如都具有一定的功利性，强调学习首先是为了改变自己未来的物质生活条件。与此同时，他们并没有完全迷失在物质世界里，也比较强调精神世界的充实。

表 6-17　综合性大学本科生学习动机总体状况

维度	总体水平（M ± D）	排序
求知进取	2.773 ± 0.615	1
集体取向	2.756 ± 0.586	2
物质追求	2.495 ± 0.735	3
害怕失败	2.429 ± 0.734	4
个人成就	2.427 ± 0.796	5
小群体取向	2.368 ± 0.796	6

综合性大学本科生的学习动机与普通高校本科生的学习动机也有各自独特之处，如综合性大学本科生表现出更多的集体荣誉感，更加有大局意识，更愿意通过自己的努力学习为家乡、祖国乃至全人类的发展贡献自己的力量。因此，加强综合性大学本科生的学习动机培养，恰为储备充足人才的根本途径。

2）学习动机分类统计结果

我国综合性大学本科生在 26 个题项上的排序见表 6-18。按照动机水平的高低，其中位列前 5 位的除了“学本事好挣钱”属于“物质追求”维度之外，其他 4 项均属于“求知进取”维度。可见，综合性大学本科生“求知进取”的动机比较强烈，但在学习兴趣培养和知识学习的远期目标设置方面有待进一步加强和引导。

表 6-18　综合性大学本科生学习动机 26 个项目排序

题项	维度	总体水平（M ± D）	排序
为了提高自己的素质	求知进取	2.90 ± 0.473	1
为了成才，发挥自己的潜能和价值	求知进取	2.84 ± 0.432	2
为了充实和丰富自己的精神世界	求知进取	2.83 ± 0.439	3
为了将来事业上的成功	求知进取	2.83 ± 0.456	4
学本事好挣钱	物质追求	2.81 ± 0.480	5
为了找一个报酬高的职业	物质追求	2.80 ± 0.490	6
将来成家后有一个富裕的家庭	物质追求	2.77 ± 0.520	7
将来在生活条件好的地方生活	物质追求	2.72 ± 0.580	8
为了报答养育我的恩人	小群体取向	2.69 ± 0.635	9
为了追求真知，透彻地认识世界	求知进取	2.64 ± 0.779	10
为了不辜负一个我十分爱戴的人	小群体取向	2.63 ± 0.667	11
为了对得起老师的辛勤培养	社会取向	2.61 ± 0.817	12
为了找一个理想的终身伴侣	个人成就	2.56 ± 0.841	13
因为怕考不及格	害怕失败	2.55 ± 0.730	14
为了班集体和所在系的荣誉	社会取向	2.52 ± 0.848	15
为了学好本领建设家乡	社会取向	2.52 ± 0.669	16
为了从学习中获得美的感受	求知进取	2.51 ± 0.697	17
为了学好本领报效祖国	社会取向	2.50 ± 0.660	18
为了维护学校荣誉，为学校争光	社会取向	2.43 ± 0.778	19
因为怕毕不了业，拿不到文凭	害怕失败	2.42 ± 0.812	20
为了人类的进步和繁荣	社会取向	2.39 ± 0.717	21
为了将来自己成名成家	个人成就	2.38 ± 0.796	22
为了将来谋取某种权力或地位	个人成就	2.34 ± 0.806	23
因为怕考不好丢面子	害怕失败	2.31 ± 0.831	24
因为怕成绩不好受到亲友的责难	害怕失败	2.19 ± 0.874	25
为了替几位要好的朋友争口气	小群体取向	1.97 ± 0.849	26

参考文献

[1] 杨渝川，王卫红，张庆林，等. 中国大学生学习动机的因素结构研究 [J]. 南京师大学报（社会科学版），1996（2）：67-72.（量表来源文献）

［2］黄希庭，张进辅，张蜀林．我国大学生需要结构的调查［J］．心理科学通讯，1988（2）：7–12.
［3］徐姗姗．我国综合性大学本科生学习动机研究［D］．济南：山东大学，2015.

扫描二维码
获取量表

音乐专业大学生学习动机缺失量表

1. 概述

音乐专业大学生学习动机缺失量表由霍嘉宁于2018年编制而成。[1] 编制者严格按照心理学量表编制的规范程序与要求，在梳理已有相关研究成果的基础上，逐步形成音乐专业大学生学习动机缺失量表的维度结构，并通过开放式量表调查，搜集合适的表达和信息编写量表各维度下的具体条目。经过对初始量表的初测，采用统计学的分析手段，包括项目分析、探索性因素分析等，反复修改量表结构与条目，使之最终符合心理学量表的测量学要求，达到较高的信效度。

学习动机是激发学生的学业活动，并促使他向着达到学习目标的内部动力机制。学习动机不是简单的心理结构，它是一个由多种动机成分构成的完整体系。具体而言，学习动机主要包括对于学习的基本需求、对于学习重要性的认识、对于学习的浓厚兴趣等。而学习动机缺失指的是在学校教育中，学习者因为对学习活动难度和自我学习能力的消极认知，进而在学习上产生了消极的情绪、体验以及逃避的行为等。

量表的编制注意了以下几个方面：

（1）量表的核心概念。因量表的核心概念是“学习动机缺失”，于一般意义上的“学习动机”有所不同。因此，量表并不是测量学生的学习动机达到了什么程度，而是进行测量学生在学习动机上的缺失状况及其原因。

（2）量表的内容。量表主要测试的是学生在一般学习意义上的动机缺失，并非针对某一具体学科、科目的学习动机，与以往有些关于学生英语学习动机等方面的研究不同。同时，该量表又是针对音乐专业大学生的学习动机的测量，因此在量表的内容上，除了一般意义上的学习活动外还需要体现音乐专业学生学习的特点。

（3）量表的设计过程。量表的设计过程严格遵照心理测量学的规范要求，从理论框架的建立，到维度的设计，再到具体条目的搜集、编写、筛选、修改，然后通过初测，进行统计学检验，经反复修改拟合，直至完全符合统计学检验标准，杜绝弄虚作假。

（4）测量对象。量表的测试对象为音乐专业大学生，因此在表述上，尽量做到适合测量对象的认知水平、教育背景和理解能力等，避免出现容易让人误解、曲解、费解的题项。

值得指出的是，尽管该量表针对的是音乐专业的大学生，但读者可借鉴该量表开发、编制针对其他专业大学生的学习动机缺失量表。

2. 量表结构及实施方法

2.1 量表维度及内涵阐释

量表包含行为表现、社会目标、自我实现、知行脱节、认知歪曲等 5 个二阶维度，每个维度包含若干一阶因子（见表 6–19）。各维度的具体内涵如表 6–20 所示。

表 6–19 音乐专业大学生学习动机缺失量表的内在结构

二阶维度	一阶因子
行为表现	逃避
	拖延
	低投入
	抗拒
社会目标	近期目标
	远期目标
自我实现	兴趣
	能力
	价值
知行脱节	自知不行
	他知不行
认知歪曲	对成功
	对学习
	对自我

表 6-20　音乐专业大学生学习动机缺失量表各维度内涵

维度	具体内涵
行为表现	主要通过学生的学习行为表现来总体考察学生在学习动机方面的缺失程度
社会目标	主要考查外部的社会性目标在学生学习动机方面的缺失程度，下设近期目标和远期目标两个因子，其中近期目标主要是指在校期间的学业目标，远期目标主要是指在毕业之后的职业生涯目标
自我实现	主要考查内部的自我实现在学生学习动机方面的缺失程度，下设兴趣、能力、价值 3 个因子，以分析学生对于音乐的兴趣、以及能力和价值方面的水平
知行脱节	主要考查学生在认知层面与行为层面的脱节性动机缺失程度。所谓知易行难，很多时候学生并不是不知道，而是做不到。该维度下设自知不行和他知不行，即自己知道却不行动和他人告知却不行动 2 个因子
认知歪曲	主要在价值观层面进行考察。当学生对于自我与学习的基本价值观出现偏差，甚至是歪曲的时候，学习动机就从根本上缺失了

2.2　量表的题项归属

量表包含 23 个题项，涵盖大学生学习动机缺失的 5 个维度，题项分布见表 6–21。

表 6-21　音乐专业大学生学习动机缺失量表题项分布

维度	题项
行为表现	1、2、3、4、5、6
社会目标	7、8、9、10
自我实现	11、12、13
知行脱节	14、15、16
认知歪曲	17、18、19、20、21、22、23

2.3　答案选项和记分方法

（1）采用李克特 5 点量表法进行记分，“完全不符合”记 1 分，“比较不符合”记 2 分，“不太确定”记 3 分，“比较符合”记 4 分，“完全符合”记 5 分。

（2）所有题项均为正向记分。

3. 测量学指标

为验证量表的测量学指标，在北京市内选取 4 所重点音乐院校，包括两所专业音乐院校 GY、YY；两所师范类高校音乐学院：BS、SS。在这些学校有关专业中采取整群分层随机抽样的方法，抽取试测对象。Cronbach's α 信度和分半信度检验结果见表 6–22，表明量表的信度较高。

表 6–22　音乐专业大学生学习动机缺失量表及各维度信度指标

维度	Cronbach's α 值	分半信度
行为表现	0.954	0.723
社会目标	0.856	0.765
自我实现	0.865	0.653
知行脱节	0.876	0.715
认知歪曲	0.964	0.865
总量表	0.943	0.737

各因子之间以及与总量表的相关系数如表 6–23 所示，各维度与总量表的相关系数在 0.754 至 0.864 之间，表明各因子能够真实地反映所要测量的内容；5 个因子之间的相关系数为 0.374~0.597，表明各因子独立性较好。

表 6–23　总量表与各维度相关分析

	总量表	行为表现	社会目标	自我实现	知行脱节	认知歪曲
总量表	1					
行为表现	0.842**	1				
社会目标	0.764**	0.574**	1			
自我实现	0.864**	0.567**	0.547**	1		
知行脱节	0.686**	0.470**	0.374**	0.597**	1	
认知歪曲	0.754**	0557**	0.557**	0.454**	0.537**	1

4. 应用情况

量表被用于对北京 4 所音乐院校大学生学习动机缺失的总体水平进行调查。[1] 整个调查于 2017 年 11 月至 12 月完成，最后回收量表 421 份，回收率为 92.3%，其中有效量表 410 份，量表有效率为 89.9%，部分研究结果如下：

音乐学院大学生学习动机缺失总分与各维度单样本 t 检验结果见表 6–24。可见大学生的学习动机缺失度总分为 3.559，5 个维度的均值范围在 3.253 至 3.936 之间，p 均小于 0.001，表明音乐专业大学生学习动机缺失水平显著高于中等水平，学习动机总体状况不容乐观。在 5 个维度得分比较中，学习动机缺失在自我实现与社会目标上的表现相对较好，分别为 3.253 和 3.381，而在行为表现与认知歪曲方面的表现则相对较差，分别为 3.936 和 3.755。但总体来说，无论是总分还是因子均值，都没有超过 4 分，说明音乐专业大学生学习动机缺失状况处于中等（3 分）偏上水平，尚未达到较为严重（4 分）或非常严重（5 分）的程度，如果及时干预，就会有很大改善空间。

表 6–24　大学生学习动机缺失度总分与各维度单样本 t 检验

维度	均分	标准差	t 值	p 值
总分	3.559	0.713	15.888	0.000
行为表现	3.936	0.875	21.664	0.000
社会目标	3.381	0.895	8.624	0.000
认知歪曲	3.755	0.814	18.765	0.000
自我实现	3.253	0.876	5.838	0.000
知行脱节	3.471	0.764	12.493	0.000

参考文献

[1] 霍嘉宁．音乐专业大学生学习动机缺失量表的设计与应用［D］．北京：中央音乐学院，2018.（量表来源文献）

扫 描 二 维 码
获 取 量 表

大学生学习倦怠量表

1. 概述

倦怠是沮丧、疲乏、不满意、焦虑、抑郁、冷漠、迷惑、无力、低自尊等消极心理表现，由于情境不同，职业活动情境中的倦怠与学习活动情境中的倦怠有所不同。大学生的学习倦怠反映了大学生消极的学习心理，指的是由于承受过大学习压力或缺乏学习兴趣而对学习感到厌倦的消极态度和行为。目前用于测量学习倦怠的量表主要是对 Marlach 的倦怠量表进行文字修改后形成的，对学生的学习情境因素考虑得不够。为此，有必要编制一个把造成倦怠的环境因素和个人因素结合起来考虑，适用于大学生学习情境的学习倦怠量表。在开放式量表结合访谈和征询专家意见后，量表编制者初步提出了大学生学习倦怠的 3 个维度（情绪低落、行为不当、成就感低）并形成了包括 35 个题项的初测量表，后经过一系列修订形成了包含 3 个维度（情绪低落、行为不当、成就感低）、20 个题项的正式施测量表。[1]

大学生学习活动中的倦怠是对学习的一种对抗、否定或无所谓的态度，表现为一种消极的行为。产生的原因可能是学习压力过大，也可能是对专业学习缺乏兴趣。当学生对学习缺乏兴趣或动力的情况下，他们会感受到无力感、厌倦感甚至有挫折感，进而会产生一系列逃避学习的行为，这样的行为称为“学习倦怠”。该量表中情绪低落维度主要反映了个体在学习中因缺乏动力而对学习没有兴趣从而表现出来的低落情绪。成就感低是指学生在学习上缺乏自信心，怀疑自己的能力。行为不当则表现为迟到早退、逃课或者不交作业等行为。量表具有良好的信度和效度，适用于对大学生学习兴趣情况的调查。

2. 量表结构及施测方法

2.1 量表维度内涵及题项归属

量表包含3个维度（情绪低落、行为不当、成就感低）、20个题项。其中情绪低落维度反映大学生由于不能很好地处理学习中的问题与要求，表现出的倦怠、沮丧、缺乏兴趣等情绪特征，如“一整天学习下来，我感到精疲力尽”。行为不当维度反映大学生由于厌倦学习而表现出的逃课、不听课、迟到、早退、不交作业等行为特征，如“我很少计划安排自己的学习时间”。成就感低维度反映大学生在学习过程中体验到低成就的感受，或指完成学习任务时因能力不足所产生的学习能力上的低成就感，如“我觉得所学的知识毫无用处”。各维度的题项归属见表6-25。

表6-25 大学生学习倦怠量表各维度题项归属

维度	题项
情绪低落	4、5、6、7、9、17、18、20
行为不当	1、10、12、14、16、19
成就感低	2、3、8、11、13、15

2.2 答案选项和记分方法

（1）采用李克特5点量表法进行记分，从1到5表示从“完全不符合”到“完全符合”5个等级。所有题项分值累加即为大学生学习倦怠的得分，分数越高，大学生的学习倦怠越严重。

（2）第1、第3、第6、第8、第11、第13、第15、第18题为反向记分，其他题项均为正向记分。

3. 测量学指标

为检验量表的信效度，采用分层整体随机抽样的方式，抽取720名在校大学生作为研究被试，收回有效量表672份，有效率为93.33%。计算量表的Cronbach'a

系数，发现各系数指标均大于 0.7（见表 6-26），说明量表的信度良好。

表 6-26　大学生学习倦怠量表各维度的内部一致性检验结果

维度	Cronbach's α 值
情绪低落	0.812
行为不当	0.704
成就感低	0.731

对修改后的“大学生学习倦怠量表”进行再次施测，经过验证性因子分析发现模型拟合得较好，各拟合指数见表 6-27。

表 6-27　大学生学习倦怠的实测模型拟合指数（N=672）

拟合指数	χ^2	df	χ^2/df	GFI	AGFI	RMR	NFI	NNFI	CFI	FI
数值	1 104.68	268	2.013	0.915	0.891	0.075	0.876	0.871	0.903	0.920

参考文献

［1］连榕，杨丽娴，吴兰花．大学生的专业承诺、学习倦怠的关系与量表编制［J］．心理学报，2005，37（5）：632-636.（量表来源文献）

扫 描 二 维 码
获 取 量 表

第七章
大学生领导力

大学生领导力及其影响因素量表

1. 概述

随着经济全球化的深入，世界各国对人才发展提出了新的要求。大学生作为一个特殊群体，在这种大形势下自然要有提升和转变。领导力作为大学生需要重点发展的能力之一，自然受到国内外众多学者的关注。大学生的领导力水平关乎其未来的发展方向和发展成就，涉及管理学、心理学、领导学等多个学科领域，研究大学生领导力的培养有着非常重要的理论意义和实践意义。

大学生领导力及其影响因素量表由杨玉刚于2013年编制而成。[1] 量表以“前因变量—结果变量”为框架，将大学生领导力的影响因素作为自变量，大学生领导力水平作为结果变量，同时将个人特征变量加入模型中，用以考察不同个人特征大学生的领导力在各个维度上的差异（见图7–1）。整个量表分为6个部分，分别为个人基本信息（个人特征）、大学生社会参与量表、大学生家庭功能量表、大学生个人禀性量表、大学生组织因素量表和大学生领导力量表，其中的社会参与、家庭功能、个人禀性、组织因素属于影响因素。

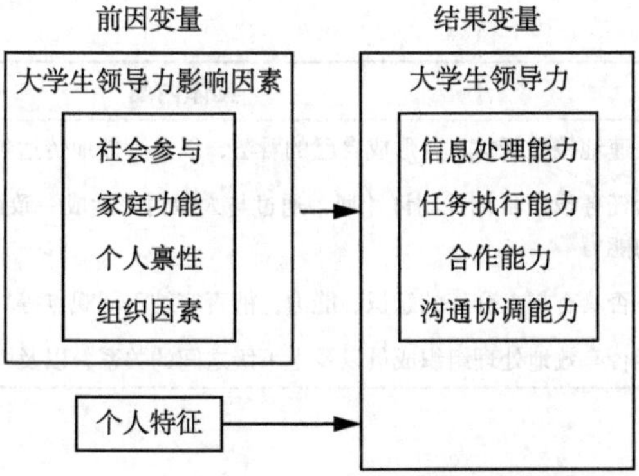

图 7-1　大学生领导力及其影响因素模型

2. 量表结构及实施方法

2.1　量表维度及内涵阐释

大学生领导力影响因素量表包括 4 个维度，对应 4 个分量表：大学生社会参与量表、大学生家庭功能量表、大学生个人禀性量表、大学生组织因素量表；大学生领导力量表包括信息处理能力、任务执行能力、合作能力、沟通协调能力 4 个维度。各维度的具体内涵见表 7-1。

表 7-1　各维度具体内涵

维度		具体内涵
大学生领导力影响因素	社会参与	大学生个体在进入社会的过程中，在身体和心理方面投入精力的过程。由于大学生在社会实践过程中必然要参与到生活的各个方面，因而不仅包括校园活动的参与，更包括社会活动的参与，同时也包括社会公共事务的参与，具体包括信息获取、活动参与、意见表达、参与公共事务
	家庭功能	大学生作为家庭成员在家庭中所体验到的家庭情感、家庭亲密度、家庭沟通、家庭协调
	个人禀性	在大学生身上所体现出的个人特质和个人魅力的组合
	组织因素	大学生所在组织的组织氛围和组织文化

续表

维度		具体内涵
大学生领导力	信息处理能力	快速地接受新信息并形成自己的看法，以及有效地传达各种信息和任务的能力
	任务执行能力	为任务设定目标并制订计划，通过与人探讨来达成一致意见，从而保证完成任务的能力
	合作能力	是否具有与人合作的意识、能力，能否容纳不同观点等
	沟通协调能力	能否有效地处理组织成员以及上下级之间的关系，以及协调人与事的能力

2.2 题项归属

各量表的题项归属见表 7-2 至表 7-6。

表 7-2　大学生社会参与量表维度及题项归属

维度	题项
信息获取	1—4
活动参与	5—8
意见表达	9—12
参与社团及公共事务	12—16

表 7-3　大学生家庭功能量表维度及题项归属

维度	题项
家庭情感	1—4
家庭亲密度	5—8
家庭沟通	9—12
家庭冲突	12—16

表 7-4　大学生个人禀性量表维度及题项归属

维度	题项
个人特质	1—5
个人魅力	6—10

表 7-5　大学生组织因素量表维度及题项归属

维度	题项
组织氛围	1—5
组织文化	6—11

表 7-6　大学生领导力量表维度及题项归属

维度	题项
信息处理能力	1—4
任务执行能力	5—9
合作能力	10—12
沟通协调能力	13—15

2.3　答案选项和记分方法

（1）采用李克特 5 点量表法进行记分，“完全不同意”记 1 分，“比较不同意”记 2 分，“不同意”记 3 分，“比较同意”记 4 分，“完全同意”记 5 分。

（2）除大学生家庭功能量表中题项 13—16 为反向记分之外，所有其他题项均正向记分。

3. 测量学指标

为验证量表的信效度，在郑州大学、河南工业大学、中原工学院、郑州航空工业管理学院、河南财经政法大学 5 所高校现场发放量表 800 份，通过网络发放量表 200 份，共回收量表 947 份，量表回收率为 94.70%。剔除无效量表 31 份，量表有效率为 91.60%。被试主要为本科生，还有部分研究生（学术型硕士）。涉及的专业包括医学类、理工类、文史哲类、经济管理类等。对量表进行分析处理后得到各量表的信度结果见表 7–7 至表 7–11。可见大学生领导力结构及影响因素量表的信度良好。

表 7–7　大学生社会参与量表维度及题项归属

维度	Cronbach's α 值
信息获取	0.856
活动参与	0.892
意见表达	0.834
参与社团及公共事务	0.846
总量表	0.927

表 7-8　大学生家庭功能量表维度及题项归属

维度	Cronbach's α 值
家庭情感	0.887
家庭亲密度	0.893
家庭沟通	0.842
家庭冲突	0.879
总量表	0.927

表 7-9　大学生个人禀性量表维度及题项归属

维度	Cronbach's α 值
个人特质	0.888
个人魅力	0.862
总量表	0.916

表 7-10　大学生组织因素量表维度及题项归属

维度	Cronbach's α 值
组织氛围	0.860
组织文化	0.892
总量表	0.911

表 7-11　大学生领导力量表维度及题项归属

维度	Cronbach's α 值
信息处理能力	0.843
任务执行能力	0.863
合作能力	0.844
沟通协调能力	0.898
总量表	0.911

根据样本相关性检验和因子分析结果，各量表题项的因子负荷均大于 0.5，累计方差解释率均大于 65%，可见量表具有较好的结构效度。

4. 应用情况

该量表曾被用于对大学生领导力的结构及影响因素进行实证研究，[1] 结果发现：

（1）大学生领导力及其各个维度在家庭月收入、专业、家庭所在地、父母职业、年级 5 个方面均存在显著差异，但在性别上不存在显著差异。

（2）社会参与维度与大学生领导力的某些维度呈显著正相关。其中信息获取与信息处理能力、活动参与与任务执行能力呈显著正相关；参与公共事务与合作能力、沟通协调能力呈显著正相关。

（3）家庭功能维度与大学生领导力的某些维度呈显著正相关。其中家庭情感与信息处理能力、任务执行能力呈显著正相关；家庭冲突与合作能力呈显著负相关。

（4）个人禀性的各个维度与大学生领导力的各个维度都呈显著正相关。

（5）组织因素的某些维度与大学生领导力的某些维度呈显著正相关。其中组织氛围与信息处理能力、任务执行能力、合作能力呈显著正相关，组织文化与沟通协调能力呈显著正相关。

参考文献

[1] 杨玉刚．大学生领导力结构及影响因素实证研究 [D]．郑州：郑州大学，2013.（量表来源文献）

扫描二维码
获取量表

大学生领导力发展及其影响因素量表

1. 概述

大学生领导力发展及其影响因素量表主要由两个部分组成：一部分为领导力发展评估量表，另一部分为影响因素量表。其中领导力发展评估量表由社会责任型领导力量表（the Socially Responsible Leadership Scale-Revised Version Two，SRLS-R2）、学生情绪智力领导力量表（Emotionally Intelligent Leadership for Students Inventory，EILI）和学生领导力实践行为自测量表（The Student Leadership Practices Inventory-Self Instrument，SLPI-Self）构成。陶思亮于2014年对英文量表SRLS-R2、EILI和SLPI-Self进行了本土化修订，[1]得到这3个量表，并将其用于考察中国大学生领导力发展现状及其影响因素。

SRLS-R2基于领导力发展的社会改变模型开发的，[2]由67个题项组成，分别评估自我认知、一致性、承诺、合作、共同目标、以礼相争、公民责任和改变等8个维度。

EILI是基于情绪智力领导力模型开发的，[3]由24个题项组成，分别评估情境认知、自我认知和他者认知3个维度。每个题项关注的是特定领导力行为发生的频率。

SLPI-Self是基于学生领导力挑战模型开发的，[4]由30个题项组成，分别评估以身作则、共启愿景、挑战现状、使众人行和激励人心等5个维度。每个题项关注的是特定领导力行为发生的频率。

2. 量表结构及实施方法

2.1 量表维度及内涵阐释

3个分量表各维度的内涵见表7-12。

表 7-12　量表维度内涵

维度		具体内涵
社会责任型领导力	自我认知	能意识到是哪些信念、价值观、态度和情感因素促使个体采取行动
	一致性	以一致、真诚、真实和诚实的方式思考、感受和行动
	承诺	拥有激励个人履责和推动集体努力的号召力
	合作	能够与他人共同努力（它构成了领导集团共同努力的基石，因为它通过信任为自身和他人提供力量）
	共同目标	与任务中的同伴拥有共同的目标和价值观（它提高了小组对当前问题和要执行的任务进行集体分析的团队力量）
	以礼相争	认识到任何创造性努力都有两个基本现实：①观点分歧不可避免；②这种分歧必须以文明的方式公开表达
	公民责任	建立一个流程，使个人或团体通过领导力发展活动与社区和社会建立起责任关系的过程
	改变	为自己和他人创造一个更美好的世界和更美好的社会（这是创造性领导力过程的最终目标）
学生情绪智力领导力	情境认知	对周围环境和情境的洞察：能注意环境因素和领导过程中的内部群体动力因素的影响；涉及对领导工作所处大环境的认识，是环境与情境的结合，了解领导者和追随者的工作环境
	自我认知	了解自己的能力、情绪和期望。如情绪自知、诚实自知、健全的自尊、情绪自控、真实性、适应性、成就感、乐观、主动性
	他者认知	能意识到他人的能力、情感情绪和期望。通过特殊的工作形式和影响，使个体或组织发生积极的改变。如共感、公民责任、激励、影响、指导、引领变革、冲突管理、关系促进、团队合作、利用差异
学生领导力实践行为	以身作则	领导者就对待他人（选民、同行、同事和客户）的方式和追求目标的方式制定原则，并为他人树立榜样
	共启愿景	领导者憧憬未来，为组织创造一个理想而独特的形象。通过自身的吸引力和无声的行动，吸引他人加入自己的梦想中来。让人们看到未来达到激动人心目标的可能性，为自己的愿景注入活力
	挑战现状	寻求改变现状的机会。寻求创新的方法来改进组织，勇于尝试并承担风险。接受不可避免的失望，但将其视为学习和进步的机会
	使众人行	促进合作，建立充满活力的团队。让他人积极参与进来，努力创造信任和尊重的氛围。增强他人的力量，让每个人都感到自己有能力、有力量
	激励人心	使一个组织获得非凡的成就是一项艰苦的工作，为了保持希望和决心，领导者要认可他人做出的贡献，让人们感觉自己是英雄

2.2　题项归属

3 个分量表的题项归属见表 7–13 至表 7–15。

表 7-13 社会责任型领导力量表题项归属

维度	题项
自我认知	4、6、9、18、22、34、41、56、59
一致性	13、27、32、52、63、64
承诺	23、24、28、51、53、54
合作	10、29、30、42、48、57、60、65
共同目标	14、15、19、31、35、37、58、61、67
以礼相争	1、2、3、5、7、11、16、21、25、49、62
公民责任	33、38、40、44、46、47、55、66
改变	8、12、17、20、26、36、39、43、45、50

表 7-14 学生情绪智力领导力量表题项归属

维度	题项
情境认知	1、2、5、7、9、12、16、18
自我认知	3、4、6、10、13、15、19、22
他者认知	8、11、14、17、20、21、23、24

表 7-15 学生领导力实践行为自测量表题项归属

维度	题项
以身作则	1、6、11、16、21、26
共启愿景	2、7、12、17、22、27
挑战现状	3、8、13、18、23、28
使众人行	4、9、14、19、24、29
激励人心	5、10、15、20、25、30

2.3 答案选项和记分方法

（1）采用李克特 5 点量表法进行记分，即“完全不同意”记 1 分，“不同意”记 2 分，“不确定”记 3 分，“同意”记 4 分，“完全同意”记 5 分。学生情绪智力领导力量表采用李克特量表 5 点记分，即“从不”记 1 分，“很少”记 2 分，“有时”记 3 分，“经常”记 4 分，“总是”记 5 分。学生领导力实践行为自测量表采用李克特 5 点量表法进行记分，即“从不”记 1 分，“很少”记 2 分，“有时”记 3 分，“经常”记 4 分，“总是”记 5 分。

（2）所有题项均采用正向记分。

3. 测量学指标

为验证量表的测量学指标，以本科大学生为研究对象，共计发放量表 5 000 份，实际回收 3 331 份，回收率为 66.62%。缺失值处理采取整列删除，剔除无效量表后，获得有效量表 3 150 份，占回收量表的 94.57%。样本主要来自全国不同地区的 20 所高校，其中有 9 所为“211 工程”高校，占总样本量的 45%。调查所涉及的学校类型广泛，不仅包括综合性大学，还包括一些专科性高校。样本共涉及 12 个学科门类。

从分析结果看，社会责任型领导力量表、学生情绪智力领导力量表和学生领导力实践行为量表在总体以及各维度上的 Cronbach's α 系数均超过 0.7，显示量表具有较高的内部一致性信度。具体见表 7–16 至表 7–18。

表 7–16　社会责任型领导力量表信度系数

维度	题型数量	Cronbach's α 值
自我认知	7	0.740
一致性	7	0.755
承诺	6	0.783
合作	8	0.806
共同目标	9	0.845
以礼相争	8	0.801
公民责任	8	0.824
改变	7	0.774
总量表	60	0.962

表 7–17　学生情绪智力领导力量表信度系数

维度	题型数量	Cronbach's α 值
情境认知	8	0.855
自我认知	8	0.859
他者认知	8	0.878
总量表	24	0.945

表 7-18　学生领导力实践行为量表信度系数

维度	题型数量	Cronbach's α 值
以身作则	6	0.791
共启愿景	6	0.822
挑战现状	6	0.804
使众人行	6	0.765
激励人心	6	0.796
总量表	30	0.949

进一步的分析发现，量表的观测变量与其所对应的潜变量间的因子载荷（Factor Loading）均达到显著水平，且标准化载荷值均大于 0.5。同时，组合信度高于临界值 0.7，表明量表模型具有良好的内部一致性和收敛效度。量表的整体模型拟合度评价结果见表 7-19 至表 7-21，表明量表具有良好的结构效度。

表 7-19　社会责任型领导力量表整体模型拟合度评价结果

指标	绝对拟合度			相对拟合度		增值拟合度
	χ^2/df	RMR	RMSEA	PNFI	PGFI	CFI
结果	4.837	0.026	0.038	0.823	0.801	0.900

表 7-20　学生情绪智力领导力量表整体模型拟合度评价结果

指标	绝对拟合度			相对拟合度		增值拟合度
	χ^2/df	RMR	RMSEA	PNFI	PGFI	CFI
结果	8.837	0.029	0.050	0.811	0.746	0.950

表 7-21　学生领导实践行为量表模型整体拟合优度评价结果

指标	绝对拟合度			相对拟合度		增值拟合度
	χ^2/df	RMR	RMSEA	PNFI	PGFI	CFI
结果	2.855	0.030	0.050	0.818	0.763	0.927

4. 应用情况

该量表曾应用于中国大学生领导力发展与教育模型研究，[1] 主要结果包括：

1）中国大学生领导力发展总体水平

就中国大学生的社会责任型领导力发展而言，中国大学生在自我认知（M=3.621）、改变（M=3.700）和一致性（M=3.721）等 3 个维度的得分均值较低，而在以礼相争（M=3.841）、承诺（M=3.859）和共同目标（M=3.862）等 3 个维度的得分均值较高。就中国大学生的情绪智力领导力发展而言，中国大学生在情境认知、自我认知和他者认知 3 个维度均处于中等水平。相比较而言，情境认知优于自我认知和他者认知。就中国大学生的领导力实践行为发展而言，中国大学生在以身作则、共启愿景、挑战现状和激励人心等 4 个维度处于中等水平，使众人行维度处于中低等水平。

2）中国大学生领导力发展总体差异

中国大学生领导力水平除了在个体因素的家庭结构（是否独生子女）维度外，在其他方面均存在显著差异。

中国女大学生的领导力发展总体水平显著高于男大学生；城市生源地大学生领导力发展水平显著高于农村生源地大学生；中共党员大学生领导力发展水平显著高于非中共党员大学生；参与学生组织的大学生领导力总体水平显著高于未参与的大学生；参与学生组织数量多的大学生领导力总体水平显著高于参与数量少的大学生；在学生组织中担任领导职务的大学生领导力总体水平显著高于未担任的大学生：参与社会实践活动的大学生领导力总体水平显著高于未参与的大学生；参与志愿者活动的大学生领导力总体水平显著高于未参与的大学生；参与兼职工作的大学生领导力总体水平显著高于未参与的大学生；修读过领导力课程的大学生领导力总体水平显著高于未修读过的大学生：参加过学生干部培训班的大学生领导力总体水平显著高于未参加过的大学生；听过领导力报告的大学生领导力总体水平显著高于未听过的大学生。

3）中国大学生领导力发展影响因素

虽然中国大学生领导力在个体因素、学生组织、社会参与和领导力学习等 4 个维度（个体因素中的家庭结构维度除外）存在显著差异，但个体因素、学生组织、社会参与和领导力学习等 4 个维度对中国大学生领导力在社会责任型领导力、情绪智力领导力和领导力实践行为几个方面的影响存在一定差异。

参考文献

[1] 陶思亮．中国大学生领导力发展与教育模型研究［D］．上海：华东师范大学，2014.（量表来源）

[2] TYREE T M. Designing an instrument to measure socially responsible leadership using the social change model of leadership development［D］. University of

Maryland, 1998.
[3] SHANKMAN M L, ALLEN S J. Emotionally intelligent leadership for students: Inventory [M]. San Francisco: Jossey-Bass, 2010.
[4] KOUZES J M, POSNER B Z. The student leadership practices inventory-self instrument [M]. San Francisco: Jossey-Bass, 2006.

扫描二维码
获取量表

大学生领导力量表1

1. 概述

大学生领导力量表由张超于2012年编制而成。[1] 该量表在前人研究的基础上，运用量表调查法收集数据，采用探索性因素分析、验证性因子分析、方差分析、相关分析、多元线性回归分析等多种统计分析方法，对数据进行分析解释，建构并验证了大学生领导力结构模型，从关系处理、动机态度、任务处理等3个维度测量大学生的领导力。

量表所涉及的大学生领导力是指：各种正式和非正式领导情境中，大学生吸引和影响他人以实现预期目标并对活动效果产生影响的能力和素质的组合。与成人领导力相比，大学生领导力不是基于领导职位的权力，而是为实现个人目标和团队目标不断扩大自己影响并在自己影响圈内做事所需要具备的各种能力和素质。

与领导力相关的概念还有领导、领导能力、胜任力等。领导力是在领导过程中产生的，是成功领导所必须具备的。领导力与领导的区别主要表现在两个方面：首先是两个概念的定义不同。领导学研究者一般把领导定义为“……一种过程”，而把领导力定义为“……一种能力/素质或能力/素质体系”。其次，两个概念的关注焦点不同。领导关注的焦点是领导者在特定情境中为实现群体或组织目标而与被领导者的互动过程，而领导力关注的焦点是领导者吸引和影响被领导者以实现群体或组织目标的能力/素质。领导力以领导能力为基础，包含但不限于领导能力。领导力不仅包括领导能力，还包括一些能够对领导活动产生影响的素质、特质。

领导力和胜任力都是一种素质力模型，但二者关注的过程不同。领导力关注的是领导者与被领导者之间的互动关系；而胜任力通常关注的是人员与岗位、绩效之间的相互关系。另外，二者关注的内容不同。领导力关注的是领导者影响追随者以实现组织目标的能力、特质，不仅包括带领追随者实现组织目标所需要的领导能力，还包括领导者身上所具备的各种吸引追随者的特质。而胜任力关注的主要是为了胜任工作岗位、保证工作绩效而需要具备的知识、技能、能力及其他特质。

2. 量表结构及实施方法

2.1 量表维度及内涵阐释

量表包含 20 个题项，通过因素分析归纳出关系处理、动机态度、任务处理 3 个维度，具体内涵见表 7–22。

表 7–22 量表维度的具体内涵

维度	具体内涵
关系处理	主要涉及维持与处理人际关系、团队合作、有效沟通等
动机态度	主要涉及对待工作的态度、动机、责任心等
任务处理	主要涉及决策、计划组织协调、组织管理等

2.2 题项归属

量表的题项归属见表 7–23。

表 7–23 量表题项归属

维度	题项
关系处理	9、10、11、15、16、17、20
动机态度	1、3、4、6、18、19
任务处理	2、5、7、8、12、13、14

2.3 答案选项和记分方法

（1）采用李克特 5 点量表法进行记分，“非常不符合”记 1 分，“不符合”记 2 分，“无法确定”记 3 分，“符合”记 4 分，“非常符合”记 5 分。

（2）第 10 题为反向记分题，其他题项均采用正向记分。

3. 测量学指标

在上海两所综合性高校图书馆、机房中共发放量表350份，回收335份，有效量表309份，有效率为88.29%。采用Cronbach's α系数对整个量表和3个分量表进行内部一致性检验，结果见表7-24。

表7-24　量表的内部一致性

维度	Cronbach's α值
关系处理	0.865
动机态度	0.775
任务处理	0.852
总体	0.900

为验证量表的结构效度，我们进行了第2次量表调查。第2次测试的被试人员来源于上海、温州两个地区的3所综合性高校，共发放200份量表，回收191份，其中有效量表190份，有效率为95.00%。在有效被试人员中男生73人，占总数的38.42%，女生117人，占总数的61.58%。观测数据与构想模型的拟合度指标见表7-25，可见，大学生领导力结构模型与观测数据的各项拟合指标均达到了较好的拟合水平。

表7-25　观测数据与构想模型的拟合度指标

χ^2	df	χ^2/df	RMSEA	RMR	TLI	CFI	IFI	PNFI
283.883	167	1.7	0.067	0.043	0.911	0.921	0.923	0.730

4. 应用情况

量表曾在“大学生领导力：结构及相关影响因素的路径分析”这一研究中使用。[1] 研究对象为上海市某高校两个院系6个班级和参加领导力培训项目的学生，在教师帮助下随堂发放量表，共发放量表260份，回收256份，有效量表243份，有效率为93.46%。所得研究结果如下：

（1）领导力得分与担任学生干部的累计时间、责任心、外倾性、宜人性、开放性、追求成功 6 个维度上的得分存在显著正相关，而与神经质得分存在显著负相关。

（2）学业成就的两个指标即高考成绩和综合测评成绩对领导力得分没有显著的预测作用。

（3）领导力得分在性别、专业、年级等因素上并不存在显著差异。

参考文献

[1] 张超. 大学生领导力：结构及相关影响因素的路径分析 [D]. 上海：华东师范大学，2012.（量表来源）

扫 描 二 维 码
获 取 量 表

大学生领导力量表 2

1. 概述

大学生领导力量表由邹媛于 2015 年编制而成。[1] 量表立足于国内外大学生领导力开发的现状，以能本（以能力为本）理念作为开发理念，以大学生领导力为核心概念，集聚社会学、领导学、教育学、管理学、心理学、哲学等学科的理论，通过定性研究与定量研究相结合的方法研制而成。

量表通过收集、整理国内外文献有关大学生领导力的原始题项，围绕自我认知与管理、社会实践与交往、人格魅力这 3 大维度，通过临界比值法与同质性检验来对量表进行鉴别度分析，最终形成了包含 40 道行为描述语句的正式量表。量表具有良好的信效度，适合我国大学生领导力的测量。

2. 量表结构及实施方法

2.1 量表维度及内涵阐释

量表包含 40 个题项，涵盖 3 个维度：自我认知与管理、社会实践与交往以及人格魅力，其具体内涵见表 7-26。

表 7-26 量表维度的具体内涵

维度	具体内涵
自我认知与管理	具体体现为认知能力、分析能力、决策能力、反思能力与自控能力
社会实践与交往	具体体现为愿景激励能力、规划能力、沟通能力、协调能力、关怀能力、人际交往能力、执行能力、应变能力、影响能力、创新能力、变革能力
人格魅力	具体体现为品德修养、信仰力、亲和力与感召力

2.2 题项归属

量表的题项归属见表 7-27。

表 7-27 量表题项归属

维度	题项
自我认知与管理	1—10
社会实践与交往	11—32
人格魅力	33—40

2.3 答案选项和记分方法

（1）量表采用李克特 5 点量表法进行记分："完全不符合" 记 1 分，"比较不符合" 记 2 分，"不确定" 记 3 分，"比较符合" 记 4 分，"完全符合" 记 5 分。

（2）题项 8、14 为反向记分，其他题项均采用正向记分。

3. 测量学指标

为研制量表以及检验量表的信效度，在重庆地区选取 4 所高等院校，发放了 120 份预测量表，量表回收之后剔除无效量表 18 份，获得有效量表 102 份，有效回收率为 85.00%。在有效样本中，男性 36 人，占 35.29%，女性 66 人，占 64.71%；二年级学生仅有 2 人，约占 1.96%，三年级学生有 100 人，约占 98.04%；文科类学生 56 人，占 54.90%，理科类 46 人，占 45.10%；学业成绩下等水平的有 14 人，占 13.73%；中等水平的有 54 人，占 52.94%；上等水平的有 34 人，占 33.33%。量表信度结果见表 7-28，信度良好。

表 7-28 量表的 Cronbach's Alpha 值

维度	Cronbach's α 值
自我认知与管理	0.922
社会实践与交往	0.854
人格魅力	0.862
总体	0.900

为确认特定主题的题项能反映量表总体，在进行量表编制时邀请了3位教育学、管理学与社会学方面的专家对量表各个题项进行审定，3位专家对测试题项是否能反映大学生领导力水平的结构和题项进行分析后，认为题项基本能反映所测量主题的总体。这说明该量表具有较好的内容效度。量表第26题为效标题，该题项与整体量表的相关系数值为0.595，相关显著，说明量表的效标效度较好。

4. 应用情况

该量表曾用于大学生领导力多场域开发研究中的施测。调查主要以学校所处的地理区域、学校规模和学校类型来进行层次划分，并采用分层随机抽样法来选择样本学校。在区域选择方面，根据经济发展水平，以东部、中部与西部3个区域来进行初步分层抽样。在东部地区的学校样本选择上，首先锁定3座城市，分别是北京、上海、广州，然后基于方便原则，选择了北京科技大学、北京城市学院、上海理工大学与广州大学4所高校。在中部地区，选取了华中师范大学、山西大学、江西师范大学、湖南师范大学4所学校。在西部地区分别选择了云、贵、川、渝四地的4所高校：西南大学、四川师范大学、贵州财经大学与云南师范大学。在样本区域与样本学校确定后，针对这些高校的大学生共发放量表4 000份，回收3 700份。在量表回收后，经过初步整理，剔除漏答、错答等无效量表576份，得到有效量表3 124，有效回收率为84.43%。通过对数据的整理和分析，得到相关结果如下。

1）大学生领导力水平的差异性分析

不同性别大学生领导力水平差异显著（p=0.032<0.05），女生的领导力水平总体上显著高于男生。在3个维度中，女生在社会实践与交往能力、人格魅力这2个维度上显著高于男生，但在自我认知与管理能力维度上显著低于男生。

不同年级大学生领导力水平差异显著（p=0.000<0.01），低年级大学生的领导力水平显著高于高年级大学生，但低年级学生间的领导力水平相差不大。

是否有学生干部经历与大学生领导力水平显著相关（p=0.000<0.01），有干部经历学生领导力水平显著高于没有干部经历学生。

不同学业成绩学生的领导力水平差异显著（p=0.000<0.01）。学业水平越高的学生其领导力水平也越高。

不同家庭月收入学生的领导力水平也差异显著（p=0.000<0.01），高档次和低档次家庭月收入学生的总体领导力水平显著高于中间档次家庭月收入学生。

大学生领导力水平在家庭所在地这一环境因素上存在显著差异（$p=0.000<0.01$）。来自更发达地区学生的总体领导力水平更高，但其离散程度也相对更大。

大学生领导力水平在不同专业类别上的差异显著（$p=0.000<0.01$）。文科和理工科的均值和标准差差异不大，而艺术类专业学生的领导力总体水平显著高于文理科专业学生，且离散程度也相对高一些。

大学生领导力水平在高校地理位置上的差异不显著（$p=0.105>0.05$）。

大学生领导力水平在不同类别高等院校中的差异不显著（$p=0.154>0.05$）。

2）大学生领导力水平的相关分析

大学生领导力各维度间的相关性比较显著，且各维度与总体领导力水平之间也呈显著相关。其中“自我认知与管理能力”与“社会实践与交往能力”两个维度间呈显著负相关（$R=-0.785$，$p=0.000<0.01$）。“自我认知与管理能力水平”与“人格魅力”之间同样呈显著负相关（$R=-0.684$，$p=0.000<0.01$）。“社会实践与交往能力”与“人格魅力”之间呈显著正相关（$R=0.832$，$p=0.000<0.01$）。

参考文献

［1］邹媛．大学生领导力多场域开发研究［D］．重庆：西南大学，2015.（量表来源文献）

扫 描 二 维 码

获 取 量 表

第八章
大学生综合素养

大学生合作能力量表

1. 概述

大学生合作能力是大学生在学习、生活、社会活动中与他人进行协作、享受共同活动带来的乐趣，并能顾及他人利益、协调解决问题、协调人际关系的各种个性特征的总和。良好的合作能力不仅可以增加就业砝码，增强竞争实力，而且有助于大学生更好地适应社会和用人单位对人才的需要。大学生合作能力不仅关乎学生的思想政治面貌，还影响着学生的心理健康和社会适应能力。

量表结构模型包含合作意识和合作技能两个维度，其中合作意识包含合作认知、合作情感、合作意向 3 个因子；合作技能包含人际互助、冲突管理、情绪调控和组织领导 4 个因子。大学生合作能力结构模型如图 8–1 所示。

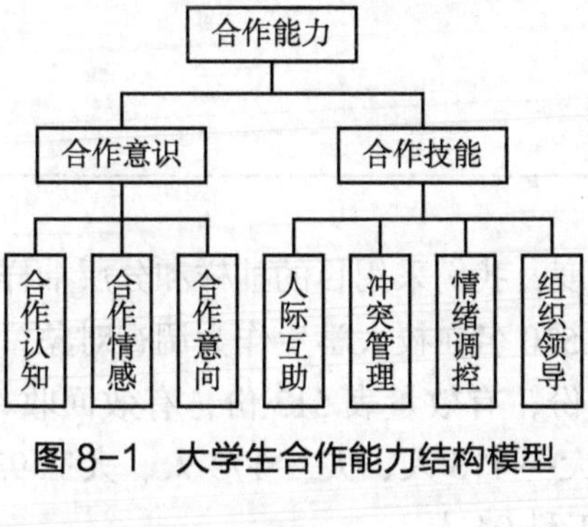

图 8–1　大学生合作能力结构模型

2. 量表题项归属及实施方法

2.1 量表题项归属

量表共包括 42 个题项，具体分布见表 8-1。

表 8-1 量表题项分布

维度		题项
合作意识	合作认知	1—11
	合作情感	12—17
	合作意向	18—22
合作技能	人际互动	23—29
	冲突管理	30—33、38、40
	情绪调控	34—37
	组织领导	39、41、42

2.2 答案选项和记分方法

（1）采用李克特 5 点量表法进行记分，从 1 到 5 分别表示“完全不符合”“比较不符合”“不确定”“比较符合”“完全符合”。所有题项分值累加即为大学生合作能力得分，分数越高表明大学生合作能力越强。

（2）题项 12~17 为反向记分，其他题项均为正向记分。

3. 测量学指标

为验证量表的信效度，我们采用目的抽样和分层抽样的方法，从华中师范大学和黄石理工学院抽取 570 名在校大学生作为调查对象，以宿舍为单位现场发放量表 570 份，回收 550 份，有效量表 513 份，有效回收率为 90.00%。其中男生 249 人、女生 264 人；大一 176 人、大二 173 人、大三 93 人、大四 71 人；文科 218 人、理科 201 人、工科 94 人。

经过统计学检验发现，整个量表内部一致性为 0.94，分半信度为 0.87。7 个因子的同质性信度在0.74至0.92之间，分半信度在0.70至0.88之间（见表8-2），符合心理测量学的基本要求，表明量表的内部一致性较好，具有一定稳定性。

表8-2　量表信度检验结果（N=513）

维度		分半信度		Cronbach's α 值	
合作意识	合作认知	0.88	0.91	0.92	0.89
	合作情感	0.70		0.74	
	合作意向	0.74		0.77	
合作技能	人际互动	0.86	0.84	0.87	0.70
	冲突管理	0.73		0.81	
	情绪调控	0.77		0.76	
	组织领导	0.75		0.75	
总体		0.87		0.94	

采用验证性因子分析，进一步检验量表的结构效度，发现模型拟合得较好，各拟合指数见表8-3。

表8-3　结构模型检验性因数分析拟合指数（N=513）

拟合指数	df	χ^2	NFI	TLI	CFI	RMSEA
数值	13	158	0.94	0.92	0.95	0.09

4. 应用情况

量表曾应用于体育教学中团体心理辅导对大学生合作能力培养的实验研究之中。[1] 实验对象从华中师范大学大一、大二参加公共体育选修课的学生中随机抽取，包括篮球、健美操和羽毛球6个班的学生。每个班级的学生进一步被随机分为健美操对照组（30）、实验组（30），篮球对照组（28）、实验组（30）和羽毛球对照组（29）、实验组（30），共177人，其中男生35人（19.77%）、女生142人（80.23%），大一学生60人（33.90%）、大二学生117人（66.10%）。部分研究结果如下。

1）实验前各对照组和实验组合作能力分析

实验前，通过对各项目实验组和对照组学生合作能力总得分进行单因素方差分析发现，各项目对照组和实验组学生的合作能力总得分不存在显著性差异。F值为 0.91，p 值为 0.47，$p>0.05$。结果见表 8–4。

表 8–4　实验前各项目实验组对照组学生合作能力（总分）比较

分组	N	M ± SD	F	p
健美操对照组	30	146 ± 13.39	0.91	0.47
健美操实验组	30	147 ± 11.56		
篮球对照组	28	144 ± 17.09		
篮球实验组	30	150 ± 11.21		
羽毛球对照组	29	149 ± 14.05		
羽毛球实验组	30	152 ± 13.78		

2）实验后各对照组和实验组合作能力分析

实验后，对各项目实验组和对照组学生合作能力总得分进行单因素方差分析，结果显示，各项目对照组和实验组学生的合作能力总得分存在显著差异。F值为 133.75，p 值为 0.00，$p<0.05$，具体结果见表 8–5。对各对照组和实验组合作能力总分经多重比较发现，各实验组得分显著高于各对照组得分，其中篮球实验组的得分显著高于羽毛球实验组，羽毛球实验组显著高于健美操实验组；各对照组在得分上不存在显著差异。

表 8–5　实验后各项目实验组对照组学生合作能力（总分）比较

分组	N	M ± SD	F	p
健美操对照组	30	151 ± 9.64	133.75	0.00
健美操实验组	30	173 ± 7.53		
篮球对照组	28	146 ± 6.42		
篮球实验组	30	192 ± 12.28		
羽毛球对照组	29	149 ± 7.34		
羽毛球实验组	30	177 ± 8.54		

参考文献

[1] 李芙蓉．体育教学中团体心理辅导对大学生合作能力培养的实验研究 [D]．武汉：华中师范大学，2011.（量表来源文献）

扫 描 二 维 码
获 取 量 表

工科大学生人际交往能力量表

1. 概述

我们生活的社会，是由各种错综复杂的人际关系组成的网络。人际交往作为人们共同活动的特殊形式，实质上是把人的观念、思想、情感等作为信息开展交流的过程。对于正处于学习、成长过程中的大学生来说，不仅适应大学生活需要良好的人际交往能力，将来走向社会、适应工作岗位也需要良好的人际交往能力。从某种意义上说，人际交往能力是大学生社会适应能力的综合体现。在工科院校里，由于理工科学生学习任务很重，平时参与的活动不多，相当一部分学生缺乏锻炼人际交往能力的机会，特别是锻炼与异性交往的能力的机会，因而表现出了各种各样的人际关系方面的问题。对工科院校学生人际交往能力进行评估，有助于寻找一些规律性的内容，探讨有价值的应对策略。于是，2002 年王军编制了工科大学生人际交往能力量表。[1] 该量表在编制的过程中参考了“德克萨斯社交行为量表”（TSBI，1974），[2]“缺陷感量表”（FIS，1959），[3]“自我描述量表”（SDQ，1984），[4] 郑日昌等编制的“人际关系综合诊断量表”，[5] 阿尧咨询网在《本领测试》一书中的“交际能力测试”量表等。[6]

2. 量表结构及实施方法

2.1 量表维度及内涵阐释

量表在初始编制过程中将人际关系分为认知、情感情绪、行为 3 个维度，编制者通过文献综述认为，这几种成分调节着人际关系的稳定性、深度和亲密性，使人们彼此之间相互感知与理解，使个体能感受到人与人之间是否具有吸引力与好感，进而在人际交往中发生相互影响和角色行为。初测量表的 3 个维度的具体内涵见表 8–6。

表 8–6　工科大学生人际交往能力初测量表维度的具体内涵

维度	具体内涵
认知	对社会刺激的正确编码、判断和译码的能力，主要包括对社会刺激（语言、姿势、表情、行为等）的解释、理解，以及对社会刺激变化的认知，如感觉、知觉、表象、记忆、思维、想象等
情感情绪	主要表现在对人的喜欢与厌恶的情感倾向。包括积极的和消极的情绪状态，各种心理状态之间的冲突（个人内部的、人与人之间的）、情绪的敏感性，对自己、他人和工作满意感的评价态度。情绪是人际关系的一个最重要特点，人际关系在人们彼此之间的情感的基础上产生和形成，这种情感又可分为两类：一类是结合性的情感，人际交往的双方都感到满意；另一类是分离性的情感，人际交往的双方都感到不满
行为	主要表现为日常与同学相处的行为及对待同学的态度，包括活动、行动的结果；活动和举止的作风；表情、手势、机体动作及言语

初测量表的 132 个题项经过因子分析后得到了 14 个因子，进而通过二次因子分析，得到 4 个二阶因子，4 个二阶因子的名称及内涵见表 8–7。

表 8–7　工科大学生人际交往能力正式施测量表维度的具体内涵

维度序号	维度名称	具体内涵
Z1	对人和人际交往的认知和评价取向	对交往的理念、对交往的自我评估、交往的群体合作性、外倾性、被关注感（共 25 题）
Z2	对人际交往的感受性取向	对他人评估的敏感性、被排斥感（共 7 题）
Z3	人际交往的社会退缩取向	交往的坦诚性、独立性、自我保留及不良举止（共 11 题）
Z4	对交往的意向性取向	对后果的感知、互助性以及交往方式（共 9 题）

2.2　量表题项归属

工科大学生人际交往能力初始量表共包含 132 个题项，涵盖工科大学生人际交往能力的 3 个维度，题项归属见表 8–8。

表 8–8　工科大学生人际交往能力初始量表题项分布

维度	题项
认知	1、3、4、10、13、15、16、19、22、24、25、31、34、37、43、44、49、50、52、55、58、61、70、73、76、79、82、85、88、91、94、97、100、103、106、109、112、114、115、118、121、127、130

续表

维度	题项
情感情绪	2、5、7、8、11、14、17、20、23、26、29、32、35、38、41、53、56、59、62、65、68、71、74、77、80、83、86、89、92、95、96、98、101、104、107、110、113、116、119、122、125、128、131
行为	6、9、12、18、21、27、28、30、33、36、39、40、42、45、46、47、48、51、54、57、60、63、64、66、67、69、72、75、78、81、84、87、90、93、99、102、105、108、111、117、120、123、124、126、129、132

通过采用主成分分析法对初测量表进行因子分析，对量表中效度不高的项目进行了5次剔除之后，最终得到了一个包含52个题项、14个一阶因子和4个二阶因子的正式施测量表，各题项的因子归属见表8-9。

表8-9 工科大学生人际交往能力正式施测量表的题项分布

二阶维度	一阶维度序号	维度名称	题项
Z1（对人和人际交往的认知和评价取向）	F01	对交往的自我评估	26、65、83、88、100、102、103、106
	F03	交往的外倾性	4、9、15、81、123
	F04	交往的群体合作性	3、5、38、44、50
	F06	被关注感	24、110、113、114
	F11	交往的理念	16、17、61
Z2（对人际交往的感受性取向）	F02	对他人评估的敏感性	7、41、77、131
	F05	被排斥感	95、96、98
Z3（人际交往的社会退缩取向）	F08	交往中的不良举止	54、56、57
	F10	自我保留	67、68、69
	F13	交往的独立性	45、47
	F14	交往的坦诚性	21、46、64
Z4（对交往的意向性取向）	F07	交往的互助性	14、28、40
	F09	交往方式	33、75、99、117
	F12	对后果的感知	120、124

2.3 答案选项和记分方法

（1）采用李克特5点量表法进行记分，“很不符合”记0分，“不太符合”记1分，“无法确定”记2分，“有点符合”记3分，“非常符合”记4分。

（2）初始量表题项22、30、39、45—48、50、51、53、54、56—59、62、

64—70、72、75、77、79、82、83、85—87、90、92—98、100、102、106、109、111、112、115、117、120—123、126、127、131、132为反向记分题，其他题项为正向记分题。

3. 测量学指标

为验证量表的信效度，我们选取安徽工业大学大二、大三年级的本科生为研究对象。共发放量表250份，回收250份，剔除废卷12份，最终有效量表238份，有效回收率为95.20%。

整个量表（52个题项的正式施测量表）的Cronbach's α为0.879 7，表明该量表的内在一致性信度良好。对量表的4个二阶因子进行了内在一致性信度的检验，其内在一致性信度Cronbach's α分别为：0.798 9，0.676 3，0.651 7，0.510 0。

量表绝大多数题项在所属因子上的因素负荷远大于它在其他因子上的因素负荷，表明该维度题项所反映的信息较为单一，具有一定的效度。

4. 应用情况

该量表曾应用于工科大学生人际交往能力归因特点的研究，[1]结果如下：

（1）工科院校的男女大学生在人际交往的综合能力上没有显著差异。但男性大学生在交往上显得更封闭一些，表现出一定的人际交往社会退缩倾向。

（2）在工科院校里，文科大学生和理工科大学生在人际交往的综合能力上没有显著差异。但理工科学生在与人交往中显得有些过于自我保护，独来独往的现象多一些，在交往场合往往表现出一定的人际交往社会退缩倾向。

（3）在工科院校里，来自农村的大学生和来自城市的大学生在人际交往的综合能力上没有显著差异。但来自农村的大学生显得更敏感，表现出一定的人际交往的社会退缩倾向。

（4）现有规模样本的测试结果显示，工科院校二年级学生在人际交往的能力上要低于三年级学生。

参考文献

[1] 王军．工科大学生人际交往能力归因特点的研究［D］．上海：华东师范大学，2002.（量表来源文献）

[2] HELMREICH R, STAPP J. Short forms of the Texas Social Behavior Inventory (TSBI): An objective measure of self-esteem [J]. Bulletin of the Psychonomic Society, 1974 (4): 473-475.

[3] JANIS I L, FIELD P B. Sex differences and personality factors related to persuasibility [R]. In Hoviand C. I. & Janis I. L. (Eds.). Personality and persuasibility [M]. New Haven: Yale University Press, 1959: 55-68.

[4] MARSH H W, O'NEILL R. Self Description Questionnaire III: The construct validity of multidimensional self-concept ratings by late adolescents [J]. Journal of Educational Measurement, 1984, 21 (2): 153-174.

[5] 郑日昌. 大学生心理诊断 [M]. 济南：山东教育出版社，1996.

[6] 阿尧咨询网. 本领测试 [M]. 海口：海南出版社，2001.

扫描二维码
获取量表

青年学生自信量表

1. 概述

在中国文化中，自信是指对自己的信任，对自己身体、心理和社会性的信任。自信是健全人格的基础。自信表现在各种各样的行为情境中，但并不是很准确地对应具体行为情境中的某种心理机能，它既有情境性的一面，也有作为稳定人格特征的一面。自信是关于自我的概念建构，而任何有关自我的建构都包含在自我概念之中。自我概念是指个人对自身的本性、独特性及典型行为的信念集合，即自我概念是个人对自己的系统性了解与知识。从概念界定上来看，自信是对自己的不怀疑，而怀疑自己则是自信受抑制的一种结果。自我怀疑通过决策效率影响成就，个体如果对生活重要事件缺乏信心，就很容易体验到缺乏控制感并滋生抑郁。作为自尊产生的基础之一，自信与自尊相互促进，自信者有更多积极情感和认知，有较高的幸福感。2009 年，毕重增和黄希庭编制了青年学生自信量表。[1]

2. 量表结构及实施方法

2.1　量表维度

量表编制者在对开放式问题调查结果进行归类分析的基础上，将青年学生的自信归纳为 5 个维度，具体维度及其内涵见表 8–10。通过初测修订后得到了一个含 33 个题项的正式施测量表，各题项的维度归属见表 8–11。

表 8-10　青年学生自信量表维度的具体内涵

维度	具体内涵
成就自信	主要涉及婚姻、家庭、夫妻关系的建立、子女养育等信息，以及对于获得学习成功、事业成就能力的肯定
才智自信	主要是对于自己创新潜力、能力的肯定，以及对新知识、新观念、新事物、新信息接纳能力的肯定
应对自信	涉及健康维护与恢复，以及对遭遇困难、挫折等事件时心理调整能力的肯定与确信
品质自信	主要是对于自己的忠诚、真诚、公平、信任等个性品德的肯定
人际自信	主要是对于交往活动的能力、控制感、适当感的判断，以及对于朋友关系质量、人际环境和谐、被帮助、被接纳的肯定

表 8-11　青年学生自信量表的题项归属

维度	题项
成就自信	4、10、12、17、18、20、26、29
才智自信	1、7、9、13、21、25、27、30、33
应对自信	3、6、8、11、14、23
品质自信	16、19、22、24、31
人际自信	2、5、15、28、32

2.2 记分方法

（1）使用李克特 5 点量表法进行记分，1 至 5 分别为“很不符合”“较不符合”“中等”“比较符合”“很符合”。

（2）所有题项均为正向记分题。

3. 测量学指标

3.1 因子分析和信度指标

为了检验量表是否适合做因素分析，首先对调查所获得的数据进行取样适当性检验。结果发现，Kaiser–Meyer–Olkin 值为 0.93，Bartlett 球度检验 χ^2 值为 5 791.34，df=528，p<0.001，说明各项目之间有共享因素的可能，进行因素分析是恰当的。经过几次探索性因素分析，最后删除了 17 项共同度小于 0.30、最高载

荷小于 0.40、交叉载荷大于 0.15 的题目，获得 5 个显著因素，能解释 53.32% 的变异。5 个因素结构清晰，各项目均在相应因素上具有较大载荷，处于 0.46 至 0.82 之间。因此，青年学生自信量表最终包含 5 个维度：成就自信、才智自信、应对自信、品质自信和人际自信。进一步检验青年学生自信量表的内部一致性信度 Cronbach's α 系数和重测信度系数（见表 8-12），各系数均高于 0.70，表明青年学生自信量表具有良好的内部一致性和跨时间的稳定性。

表 8-12　青年学生自信量表的信度指标

信度	成就自信	才智自信	应对自信	品质自信	人际自信	总体
Cronbach's α	0.8	0.82	0.73	0.72	0.77	0.92
重测信度	0.86	0.77	0.8	0.7	0.73	0.82

3.2　结构效度

采用 ML 法（Maximum Likelihood）对青年自信量表模型进行拟合估计，具体结果见表 8-13。

表 8-13　青年自信量表的验证性因子分析结果

指标	χ^2	df	χ^2/df	RMR	RMSEA	TLI	AGFI	CFI
结果	1 377.69	490	2.81	0.07	0.047	0.83	0.88	0.90

参考文献

[1] 毕重增，黄希庭. 青年学生自信量表的编制 [J]. 心理学报，2009，41（5）：444–453.（量表来源文献）

扫 描 二 维 码
获 取 量 表

大学生情商量表

1. 概述

情商（Emotional Quotient，EQ）通常指的是情绪商数，又被称为情绪智力，主要是指人们在情绪、情感、意志和耐受挫折等方面的品质，它是近年来心理学家们提出的与智商相对应的概念。量表编制者将情商定义为能够影响人们了解和表达自己，建立和维护人际关系，有效应对环境的要求和压力，并朝着理想的目标实现自身价值所具有的一系列情绪能力和社交能力。[1]

情商是一种生存的艺术，通过合理地调节和表达情绪，促进个体更好地生存和发展；情商也是一种心灵的升华，决定着人们能否管理好自己的情绪，从而建立和维护良好的人际关系；情商还是一种人生智慧，影响着人生目标的实现程度和幸福感悟能力的提升。

2. 量表结构及实施方法

2.1 量表维度

量表采用巴昂（Bar-On）[2]的情商理论结构中的自我知觉、自我表达、人际、决策能力、压力管理和整体幸福感六大维度及其所包含的 16 种特质作为理论框架。因此，编制者根据该理论编制了包含 6 个二阶维度、16 个一阶维度，共 64 个题项的量表。量表维度及题项归属见表 8-14。

表 8-14 大学生情商量表的维度及题项归属

二阶维度	一阶维度	题项
自我觉知	自我尊重	9、55、62
	自我实现	21、28、40
	自我觉察	14、17、33、34
自我表达	情感表达	26、39、43、61
	自信	1、4、16、52
	自立	35、53、60
人际	人际关系	5、10、15、29、31
	同理心	7、19、41、51
	社会责任	8、22、27、37
决策能力	问题解决	13、24、46、57、64
	现实判断	6、44、59、63
	冲动控制	18、25、48
压力管理	灵活性	2、11、36、47、56
	压力忍受度	12、23、49、54
	乐观	20、30、38、58
整体幸福感	整体幸福感	3、32、42、45、50

2.2 记分方法

（1）采用李克特 5 点量表法进行记分，“从不”记 1 分，“很少”记 2 分，“有时”记 3 分，“经常”记 4 分，“总是”记 5 分。分数越高，代表被测者在某维度的表现越好。

（2）所有题项均为正向记分。

3. 测量学指标

3.1 样本情况

该量表的编制包括两个施测样本。第一个样本为预测样本。编制者于 2014 年 12 月 20 日至 2014 年 12 月 23 日期间使用“高校大学生情商测试量表（预测版）”在辽宁师范大学、大连交通大学采取分层随机抽样的方法抽取了300名大学生进行调查，共收回有效量表272份，有效回收率为90.67%。通过对预测数据进行项目分析和探索性因素分析，筛选出了正式施测量表的题目，并初步考察了量表的结构。

第二个样本为正式量表的施测样本。编制者在2015年3月30日至2015年4月10日期间分别在大连理工大学、辽宁师范大学、大连交通大学、大连医科大学和大连大学5所高校的5大类专业中，采取分层随机抽样的方法抽取1 000名大学生作为被试，这些大学生来自全国各个省份，基本上能够代表当年大学生的状况。回收有效量表908份，有效回收率为90.80%。

3.2 量表的信度检验

信度分析主要考察的是Cronbach's α系数。一般认为，Cronbach's α在0.8以上代表较好，以个人为基础的量表，系数通常需要大于0.7。大学生情商量表的总体信度及各维度的信度都高于0.8，说明信度较好，具体见表8–15。

表8–15 青年学生自信量表的信度指标

信度	自我知觉	自我表达	人际	决策能力	压力管理	情商总量表
Cronbach's α	0.884	0.929	0.879	0.853	0.891	0.871

3.3 量表的效度

1）内容效度

内容效度（Content Validity）反映的是测量工具本身的内容范围与广度的适切程度。内容效度展现了量表的编制目的与测量内容之间的关系，也就是测量项目与所测特质之间是否能相匹配。量表项目的编制，主要是根据巴昂EQ–i 2.0情商量表中每个情商特质的具体描述进行的，这保证了测试内容范围的全面性和合理性。此外，量表在编制的过程中还吸纳了部分大学生群体的反馈意见，使编制的项目能够反映我国大学生当前情商的发展趋势，增加了测试的适用性。为了保证量表的可读性和适用性，量表编制者还邀请了从事心理学研究的专业教师、博士生和硕士生进一步对量表的题项和维度进行评量，对有歧义的项目进行修改、删除或替换，最后形成了通俗易懂、意义明确的正式量表。这些措施确保了高校大学生情商测试量表具有较高的内容效度。

2）结构效度

一般来说，结构效度（Construct Validity）是指一个测验实际能够测量到所要测量的理论结构和特质的程度。编制者编制好量表初稿后对大学生情商分量表各特质之间以及它们与分量表总体之间的相关性进行了检验。在“自我知觉”分量表中，自我尊重、自我实现、自我觉察3个特质与分量表总体的相关系数分别为0.742、0.797、0.838。在“自我表达”分量表中，情感表达、自信、自立3个特质与分量表总体的相关系数分别为0.789、0.766、0.783。在“人际”分量表中，人际关系、同理心、社会责任3个特质与分量表总体的相关系数分别为0.912、0.853、0.849。在“决策能力”分量表中，问题解决、现实判断、冲动控制三个特质与分量表总体的相关系数分别为0.877、0.819、0.808。在“压力管理”分量表中，灵活性、压力忍受度、乐观3个特质与分量表总体的相关系数分别为0.886、0.849、0.867。这些结果表明，各分量表中的特质与分量表总体之间的相关系数都达到显著水平，各分量表中特质测到的内容与该分量表总体所测的内容之间具有较高的一致性，说明该测量工具具有良好的结构效度。

4. 应用情况

通过对高校大学生的情商现状进行评估的结果来看，各分量表中的项目均值普遍低于中数3，说明高校大学生情商发展总体处于中等偏下的水平，尤其是在决策能力、压力管理和整体幸福感维度上。如果这些维度上的特质没有得到及时关注和有效培养，就会对大学生的学习、工作以及未来的婚姻、家庭生活产生诸多消极影响。

参考文献

[1] 李超．大学生情商培养课程研究[D]．大连：辽宁师范大学．2017.（量表来源文献）

[2] BAR-ON R. The development of a concept of psychological well-being [D]. South Africa: Rhodes University, 1988.

扫描二维码
获取量表

大学生自我控制能力量表

1. 概述

自我控制一直是心理学的重要课题。所谓自我控制，是指以自我为主体，以个人身心和行为、外在环境和事件为对象，以实现个人、社会和谐发展为原则目标的自我觉醒、自我规划、自我执行、自我评估、自我激励、自我校正的动态变化自组织系统。生活经验和科学研究都表明，控制与人类的生存发展和健康福祉息息相关。就当代大学生而言，时代进步呼唤自强精神（环境因素）、大学教育强调自我教育（任务因素）、个人发展需要自我管理（个人因素）。而自强精神、自我教育和自我管理的共同关键是围绕目标有所为有所不为，进行有效的自我控制。

该量表基于自我控制的定义，从自我觉醒、自我规划、自我执行、自我评估、自我激励、自我校正 6 个维度刻画大学生自我控制能力。量表共包含 90 个题项，具有良好的信效度，适合于大学生自我控制能力的测量。[1]

量表同时还包括两个效度检验的分量表。效标采用自陈量表形式，包括两个方面：正性效标和负性效标。正性效标是学校成绩、学校获奖和老师的积极评价，家长、同学和自己对自己在自我控制方面的积极评价。负性效标量表主要根据开放式量表及团体焦点访谈中学生描述的常见自我控制不良或问题表现编制而成。

2. 量表结构及实施方法

2.1 量表维度及内涵阐释

量表包含 6 个维度，各维度的具体内涵见表 8–16。

表 8–16　大学生自我控制能力量表的维度内涵

维度	具体内涵
自我觉醒	体现了自我主体性，因为人有自我意识，有自觉性、目的性、选择性和能动性。一个人只有意识到人具有主体性，能够自我选择和自我控制，能够适应、选择和创造环境等，他才可能拥有自我控制的信念，进行有效的自我控制
自我规划	自我了解需求（自我个体，环境的需求），规划形成目标、计划和方案
自我执行	自我实施问题解决或任务完成的过程
自我评估	在自我执行过程中对执行情况进行自我评价、估量，获得对自我执行情况优劣的评价
自我激励	通过适当的自我奖酬或惩罚性措施，来激发、保持自我的行为，以有效地实现自我目标。在执行时往往会碰到困难和挫折，这就需要自我激励
自我校正	对执行过程进行自我调整、改进，即在执行过程中碰到困难和挫折时，需要自我校正来调整、改进执行过程

2.2　量表题项归属

量表共包括 90 道题项，其中每个维度包含 12 个题项，共 72 个题项。正性效标量表包括 6 个题项；负性效标量表包括 12 个题项。题项分布见表 8–17。

表 8–17　题项分布

维度	题项
自我觉醒	1—4、6—9、11—14
自我规划	16—19、21—24、26—29
自我执行	31—34、36—39、41—44
自我评估	45—49、51—57
自我激励	58、59、61—64、66—71
自我校正	72—74、76—84
正性效标	85—90
负性效标	5、10、15、20、25、30、35、40、50、60、65、75

2.3　答案选项和记分方法

（1）采用李克特 5 点量表法进行记分，每题有 5 个选择："完全符合" 记 5 分，"比较符合" 记 4 分，"不确定" 记 3 分，"比较不符合" 记 2 分，"完全不符合" 记 1 分。所有题项分值累加即为大学生自我控制能力得分，分数越高，大学生的自我控制能力越强。

（2）负性效标题项为反向记分，其他题项均为正向记分。

3. 测量学指标

量表信效度检验的数据主要来自苏州大学的学生群体，包括文学院、物理科技学院、外国语学院、工学院、财经学院、法学院、体育学院、艺术学院、医学院，发放量表 1 500 份，回收量表 1 121 份，去除 52 份无效量表，有效量表 1 069 份，有效量表回收率为 71.27%。

经过检验发现量表的信度系数都在 0.79 以上，总量表的信度系数达到 0.95，说明量表的信度很高（见表 8–18）。

表 8–18　大学生自我控制能力量表各维度的内部一致性检验结果

维度	Cronbach's α 值
自我觉醒	0.800
自我规划	0.816
自我执行	0.839
自我评估	0.841
自我激励	0.791
自我校正	0.820
总体	0.950

进一步检验量表的结构效度，量表各层次结构模型的拟合指标见表 8–19，可见量表的内在结构效度也非常理想。

表 8–19　自我控制能力量表的层次结构模型拟合指标

拟合指数	RMSEA	GFI	AGFI	CFI	NFI	TLI	IFI
数值	0.060	0.962	0.930	0.969	0.962	0.951	0.970

量表总分和正性效标总分呈正相关，和负性效标总分呈负相关，并达到统计学上的显著性（见表 8–20），表明量表具有较好的外部效度。

表 8-20　自我控制能力和正性效标、负性效标的相关分析结果

正性效标	Pearson Correlation	0.509**
	Sig.（2-tailed）	0.000
	N	1 069
负性效标	Pearson Correlation	-0.084**
	Sig.（2-tailed）	0.006
	N	1 069

注：**：$p<0.01$。

参考文献

[1] 于国庆. 大学生自我控制研究 [D]. 上海：华东师范大学，2004.（量表来源文献）

扫描二维码
获取量表

大学生成就动机量表

1. 概述

成就动机量表（The Achievement Motive Scale，AMS）是由挪威学者于 1970 年编制而成的，[1] 叶仁敏等于 1988 年对其进行了本土化修订。[2] 量表共 30 道题项，分追求成功的动机（Ms）和避免失败的动机（Maf）两个维度。量表采用 4 点量表法记分，“完全正确”记 1 分，“完全不对”记 4 分，得分越高，表明相应的动机（追求成功 / 避免失败）越强。

朱丽雅在研究的过程中，为了方便记分和分析，将 AMS 的记分方式和其他量表进行了统一，改为 5 点记分，“完全不符合”记 1 分，“完全符合”记 5 分，得分越高，表明这类动机越强。成就动机（Ma）的得分为 Ms–Maf。该量表经过广泛使用，具有很高的信度和效度。这里介绍 5 分制 AMS。[3]

成就动机的概念由 1938 年美国心理学家默里（Murray）提出的成就需要概念衍生发展而来。从 20 世纪 40 年代开始，心理学家们就展开了对成就动机的研究和探讨。随着成就动机概念的不断演进，虽然各位心理学家对成就动机概念的表述不尽相同，但综合来看，成就动机应该包含 3 个特征。①成就动机的驱动性。这是成就动机的最基本特征，它是决定个体行为和努力程度的动力因素，是追求成功行为的推动力量。②成就动机的社会性。成就动机虽然是个体所具有的追求成功的内部推动力量，但它的形成和变化发展会受到诸多外部因素的影响，譬如社会环境、竞争条件、家庭教养方式等，它是一个具有社会意义的心理特征，而且每个人的成就动机水平也有明显差异。③成就动机的多维性。由于成就动机的形成受到个体认知、家庭、社会等诸多内外因素的影响，也应该从社会家庭维度、文化背景维度、个体认知维度等多角度对成就动机进行考察。

与成就动机相关的概念有学习动机、成就目标定向、成功恐惧等，它们之间既有区别又有联系。在教育心理学的研究中，成就动机与学习动机二者的含义不完全相同，学习动机是通过对学习目标（成绩目标或掌握目标）的追求体现出来的，因此成就动机并不等同于学习动机。成就动机是对个体认为有价值的目标进行追求的驱动力量，虽然其同学习动机一样都对个体的行为具有驱动性，但二者的目标指向性不同，成就动机的目标范围更广。成就目标定向是将认知因素引入成就动机研究后产生的概念。目标与动机之间存在着密切的关系，个体将自身认为有价值的事设定为目标，从而激发出为之努力奋斗的行为动机，目标是引发行为动机的直接诱因。对于事物价值的判断与个体的认知息息相关，成就目标定向是将个体认知与个体行为动机相结合的概念。成功恐惧是与成功动机相对的概念。阿特金森（Atkinson）[1] 认为个体的成就动机由两部分构成，即追求成功的动机和避免失败的动机。一般认为，追求成功的动机越强，出现成功恐惧的可能性就越小；避免失败的动机越强，出现成功恐惧的可能性越大。

2. 量表结构及实施方法

2.1 量表维度及内涵阐释

量表共 30 道题，分追求成功的动机和避免失败的动机两个维度，每个维度 15 道题，前 15 题用来测量追求成功的动机（Ms），后 15 题用来测量避免失败的动机（Maf）。两个维度的具体内涵将表 8-21。

表 8-21 成就动机内在维度的具体内涵

维度	具体内涵
追求成功的动机	努力争取某种满足的倾向，获得某种激励时的自我满足能力。高追求成功动机的人向往成功，做事有自信心，喜欢冒险、困难和挑战，愿意发挥自己的能力
避免失败的动机	当行为的结果为失败时，个体以羞耻或尴尬做出反应的倾向性。高避免失败动机的人容易关注失败或不确定性，习惯于在面对任务时表现出不安、忧虑和害怕等倾向性

2.2 量表题项分布

题项 1—15 用于测量追求成功的动机，题项 16—30 用于测量避免失败的动机。

2.3 答案选项和记分方法

（1）采用李克特 5 点量表法进行记分，“完全不符合”记 1 分，“比较不符合”

记 2 分，“不确定”记 3 分，“比较符合”记 4 分，“完全符合”记 5 分。

（2）将题项 1—15 的得分相加得到追求成功的动机（Ms），将题项 16—30 的得分相加得到避免失败的动机（Maf），总成就动机（Ma）的得分为：Ma=Ms-Maf。

（3）所有题项均采用正向记分。

3. 测量学指标

为检验 5 分制成就动机的信效度，采取分层整群抽样的方法，在吉林大学文科院系和理科院系大二、大三年级中抽取 9 个班的学生，发放量表 368 份，回收 344 份，其中有效量表 323 份，有效率为 87.77%。采用 Cronbach's α 作为信度指标，检验量表的内部一致性，结果见表 8-22，系数都大于 0.8，说明量表具有较好的内部一致性信度。

表 8-22　成就动机量表及各维度的信度检验

维度	Cronbach's α 值
追求成功的动机	0.896
避免失败的动机	0.912
总体	0.808

通过验证性因子分析对量表进行效度检验，结果发现，前 15 题对总量表的累积贡献率为 41.31%，因子负荷在 0.553 至 0.751 之间，残差在 0.436 至 0.694 之间。后 15 题对总量表的累积贡献率为 45.28%，因子负荷在 0.597 至 0.868 之间，残差在 0.246 至 0.643 之间。追求成功的动机与避免失败的动机两个维度显著负相关（$p<0.01$）。这表明量表有良好的效度。

4. 应用情况

该量表被应用于“大学生成就动机、成就目标定向、学业自我效能对成绩的影响模式探析”这一研究中。[3] 该研究采取分层整群抽样的方法，在吉林大学文科院系和理科院系大二、大三年级中抽取 21 个班的学生作为被试，共发放量表 869 份，回收 841 份，其中有效量表 779 份，有效率为 89.64%。有关大学生成就动机的研究结果如下。

（1）大学生成就动机没有显著的性别差异，在追求成功和避免失败的两个维度上，男生的得分略高于女生。

（2）大学生成就动机没有显著的生源地差异，在追求成功和避免失败的两个维度上农村学生的得分略高于城镇学生。

（3）大学生成就动机没有显著的专业差异和年级差异，大三学生的得分略高于大二学生。

总体来讲，大学生在成就动机及其两个维度上都没有显著的差异，表明大学生的成就动机处于一个比较平均和稳定的水平。

参考文献

［1］GJESME T，NYGARD R. Achievement-related motives：Theoretical considerations and construction of a measuring instrument［R］. University of Oslo，1970.

［2］叶仁敏，HAGTVET K A．成就动机的测量与分析［J］．心理发展与教育，1992（2）：14-16.

［3］朱丽雅．大学生成就动机、成就目标定向、学业自我效能对成绩的影响模式探析［D］．长春：吉林大学，2012.（量表来源文献）

扫 描 二 维 码
获 取 量 表

大学生价值观评价量表

1. 概述

国内使用的价值观量表主要是西方价值观量表的中文修订版，比如罗基奇（Rokeach）的工具性、终极性价值观量表、霍夫施泰德（Hofstede）的文化价值观量表、莫里斯（Morris）生活方式量表、施瓦茨（Schwartz）价值观量表、贝尔斯和库奇（Bales&Couch）价值观测量表、布里斯·韦特（Brith Waite）的目标和行为方式价值观调查量表，这些量表可见参考文献。[1] 因此，完全立足于本土的价值观量表很少，反映信息化、全球化背景下的当代中国大学生的价值观量表几乎没有。

众所周知，特殊文化背景对个体的影响极为深远。用西方编制的价值观工具测量成长在中国文化背景下的大学生，不仅存在方法上的不足，也无法全面测量中国大学生的价值观特点。加之突飞猛进的信息化和全球化浪潮，迅速重建着当代大学生的人生价值观，采用西方价值观量表的中文修订版已不能完全涵盖当代大学生的价值取向。在这样的大背景下编制一套适合当代中国社会、文化背景的价值观量表，可以为研究当代大学生的价值观提供一套科学、合理的工具。于是，2006 年，潘文编制了中国大学生价值观评价量表。[2]

该量表首先从核心价值观取向出发，对价值观进行分类；然后通过开放式量表调查和分析形成初试量表，进而再进行大规模施测，通过因素分析、聚类分析，五易其稿，最终研制成功了一个包含 8 个维度、75 个题项的大学生价值观评价量表。量表具有良好的信效度，适合对大学生的价值观进行评估。

2. 量表结构及实施方法

2.1　量表维度及内涵阐释

量表分为道德爱心类、努力类、智慧类、名利类、平衡和谐类、情感类、E取向类和社会价值观类等8个维度，各维度的具体内涵见表8-23。

表8-23　大学生价值观评价量表的维度内涵

维度	具体内涵
道德爱心类	主要涉及道德、善良、爱心的价值取向
努力类	主要涉及勤奋、刻苦、敬业、不断进取的价值取向
智慧类	主要涉及批判精神、探索精神、创新精神、真知灼见的价值取向
名利类	主要涉及权力、地位、金钱的价值取向
平衡和谐类	主要涉及在工作和生活中寻找平衡点，使自己的生活和谐、快乐的价值取向
情感类	主要涉及亲情、友情、爱情的价值取向
E取向类	主要涉及使用现代网络和手机来及时获取信息和乐趣的价值取向
社会价值观类	主要涉及社会和谐、国家发展、世界全球化的价值取向

2.2　量表的题项归属

量表共75个题项，涵盖表8-23中的8个维度，各题项归属见表8-24。

表8-24　大学生价值观评价量表的题项归属

维度	题项
道德爱心类	1—16
努力类	17—24
智慧类	25—33
名利类	34—41
平衡和谐类	42—51
情感类	52—58
E取向类	59—65
社会价值观类	66—75

2.3 答案选项和记分方法

（1）采取李克特 7 点量表法进行记分，“非常不重要”记 1 分，“非常重要”记 7 分，分数越高表明对自我评估越高。

（2）所有题项均为正向记分。

3. 测量学指标

经过了三轮测试、五次修订，量表最终版本包含 8 个维度、75 个题项。对量表进行测量学指标验证的被试为从东华大学、上海交通大学、华东师范大学、上海师范大学 4 所上海高校随机抽取的 530 名学生，其中男生 230 名、女生 300 名，专业分布涉及理科、工科、文科、商科等。剔除无效量表 44 份后，得到有效量表 486 份，有效率为 91.70%，其中男生 176 名、女生 288 名。

对测试数据进行统计分析后发现，量表各个维度的 Cronbach's α 系数满足一般非能力量表的信度要求，整个量表的信度表现较为优异（见表 8–25）。

表 8–25　大学生价值观评价量表的 Cronbach's α 系数表

维度	题项数	Cronbach's α 值
道德爱心类	16	0.921
努力类	8	0.844
智慧类	9	0.830
名利类	8	0.865
平衡和谐类	10	0.808
情感类	7	0.796
E 取向类	7	0.836
社会价值观类	10	0.925
总体	75	0.950

通过验证性因子分析检验量表的结构效度，具体的拟合指数见表 8–26，可见，量表的结构效度较好。

表 8–26　大学生价值观量表验证性因子分析的拟合指数

拟合指数	χ^2	df	χ^2/df	RMSEA	NNFI	CFI
数值	7 353.42	2 672	2.75	0.065	0.74	0.75

4. 应用情况

该量表曾在大学生价值观的性别差异研究中使用。[2] 女生与男生在努力类和智慧类价值取向上没有显著差异，但在道德爱心类、名利类、平衡和谐类、情感类、E 取向类和社会价值观类维度上，女生显著高于男生。具体结果见表 8–27。

表 8–27　大学生价值观量表各维度性别样本的平均数、标准差和差异检验

维度	男		女		性别差异检验	
	平均值	标准差	平均值	标准差	t	Sig.(2–tailed)
道德爱心类	90.36	13.11	93.02	11.78	–2.260*	0.024
努力类	44.85	7.31	46.03	5.84	–1.830	0.068
智慧类	46.14	7.84	46.15	7.19	–0.013	0.989
名利类	32.95	8.99	35.85	7.99	–3.513*	0.001
平衡和谐类	55.11	7.72	58.92	6.26	–5.537*	0.000
情感类	40.64	6.12	42.42	4.60	–3.325*	0.001
E 取向类	34.83	7.16	37.45	5.87	–4.082*	0.000
社会价值观类	58.31	9.79	62.97	7.34	–5.446*	0.000

注：* 代表差异显著。

参考文献

[1] ROBINSON J P, SHAVER P R, WRIGHTSMAN L S. Measures of Personality and Social Psychological Attitudes [M]. Houston: Gulf Professional Publishing, 1991.

[2] 潘文. 大学生价值观量表的编制及其相关研究 [D]. 上海：上海师范大学，2006.（量表来源文献）

扫 描 二 维 码
获 取 量 表

大学生自信量表

1. 概述

自信是个体人格结构中发挥驱动作用的一个重要因素，影响着个体的心理活动和心理发展。大学阶段是大学生价值观形成的关键时期，是培养大学生的健康自我和健全人格的重要时期。这一时期个体能否形成稳固的自信，直接影响到大学生的就业、生活态度乃至整个人生。

大学生自信量表由车丽萍于 2002 年编制。[1] 该量表根据已有的研究成果，综合国内外对自信的定义与研究，所涉及的自信表现为一个多维度多层次的心理系统，是个体对自己的积极肯定和确认程度，是对自身能力、价值等做出正向认知与评价的一种相对稳定的人格特征。自信具有一定的相对性，其相对性是指，自信既是一种稳定的人格特质，又受具体情境的影响，可以说有多少种情境就有多少种自信。自信的形成与发展既受个体自身因素的影响，也受个体外部环境因素的制约，是个体与环境交互作用的结果。

自信是一个具有复杂结构的多维度多层次系统。基于这一认识，量表根据从“抽象—具体”的原则来划分自信的层次，即自信系统由整体和具体两个层次构成。第一层次为整体自信，是类化的自信，抽象程度较高、比较稳定，反映了个体长期维持的一种基准水平，但较为模糊，体现了个体对其个人能力等的整体认识与态度，是自信系统的重要组成成分，体现了系统的整合功能，具体包括个体对其自身能力、意志、性格、品德、特长等方面的总体认识与态度。第二层次为具体自信，是整体自信的支持因素，体现了系统组成要素的功能，包含 3 个维度，即学业自信、社交自信和身体自信。其中学业自信是指个体对自身的外语、动手操作和创造性等方面的肯定和确认程度；社交自信是指个体对其社会交往能力的自信心；身体自信是个体对其外表体型、身体素质、健康状况及体育运动等方面的信心与确认度。整个量表的结构模型见图 8–2。

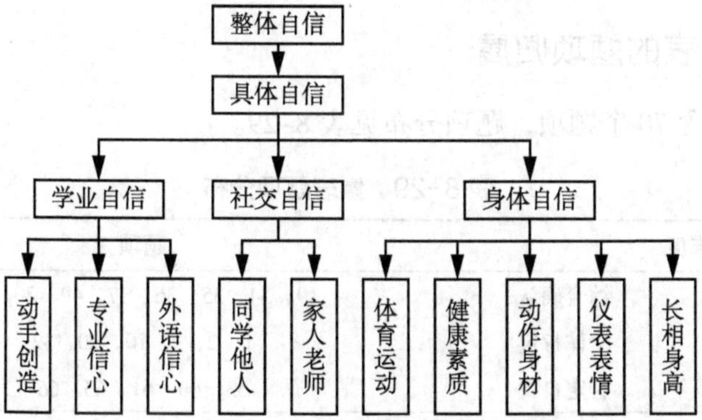

图 8-2　大学生自信量表的结构模型

2. 量表结构及实施方法

2.1　量表维度及内涵阐释

按照量表的结构模型（见图 8-2），整个自信量表分为整体自信、学业自信、社交自信、身体自信 4 个分量表，其中每一个二阶维度又包含相应的一阶子维度 / 因素。各维度的具体内涵如表 8-28 所示。

表 8-28　量表具体内涵

维度			具体内涵
整体自信		综合确认	个体对自身知识、能力、性格、特长等方面的积极肯定与确认
		总体肯定	个体对自身的总体正向认知和评价
		否定自我	个体对自身品德、能力、意志等方面的怀疑和负向认知与评价
具体自信	学业自信	动手创造	个体在动手操作和创造的动机、能力、方法等方面的信心和肯定
		专业信心	大学生对专业学习动机、能力、方法、时间、环境和结果的肯定和积极确认
		外语信心	个体对外语学习能力、方法、时间和动机等方面的信心
	社交自信	同学他人	个体与同性、异性同学朋友及社会上的他人交往时对自身的交往能力、交往观念、态度及支配性等方面的肯定和确认
		家人老师	个体对家人和老师相处时的态度、能力、观念及交往状况等方面的信心
	身体自信	体育运动	个体对体育运动能力、表现等的信心
		健康素质	个体身体素质和健康状况等方面的肯定认知和评价
		动作身材	涉及个体身体动作和身材方面的信心
		仪表表情	个体在仪表、表情方面的信心
		长相身高	个体对自己身高和长相容貌的满意程度

2.2 量表的题项归属

该量表包含 70 个题项，题项分布见表 8-29。

表 8-29 量表题项分布

维度			题项
整体自信		综合确认	19、34、35、36、37、49、50、51
		总体肯定	1、2、9、10、20、32
		否定自我	33、60、61、65、66
具体自信	学业自信	动手创造	23、40、41、54、55、62、63、67、68、69、70
		专业信心	3、4、11、21、38、52
		外语信心	12、22、39、53
	社交自信	同学他人	26、27、43、44、56、57、64
		家人老师	13、14、24、25、42
	身体自信	体育运动	18、31、58、59
		健康素质	16、17、29、30、48
		动作身材	45、46、47
		仪表表情	6、7、28
		长相身高	5、8、15

2.3 答案选项和记分方法

（1）采用李克特 5 点量表法进行记分，“完全不符合”记 1 分，“大部分不符合”记 2 分，“不确定”记 3 分，“大部分符合”记 4 分，“完全符合”记 5 分。

（2）否定自我维度题项的 33、60、61、65、66 为反向记分题，其他题项均为正向记分题。

3. 测量学指标

为验证量表的测量学指标，编制者选择西南师范大学一、二年级 352 名学生作为初测对象，一、二年级 102 名学生作为重测对象，重测与初测间隔 3.5 周。量表的信度检验结果见表 8-30、表 8-31。从表中数据可以看出，大学生自信量表各分量表及其一阶维度的内部一致性系数多在 0.70 以上，稳定性系数在 0.54 至 0.86 之间，也比较高。这说明大学生自信量表具有良好的信度，也表明大学生自信量表的结构模型是稳定的、可靠的。

表 8-30　大学生自信量表二阶维度的内部一致性及重测系数

分量表名称	Cronbach's α 值	重测信度系数
整体自信	0.827 3	0.856 9
学业自信	0.878 2	0.860 3
身体自信	0.769 5	0.775 2
社交自信	0.763 0	0.735 4
总量表	0.928 0	0.871 3

表 8-31　大学生自信量表一阶维度的内部一致性及重测信度系数

	Cronbach's α 值	重测信度系数
综合确认	0.761 1	0.754 1
总体肯定	0.784 1	0.823 6
否定自我	0.673 7	0.732 4
动手创造	0.860 4	0.830 1
专业信心	0.726 8	0.792 3
外语信心	0.791 3	0.767 5
同学他人	0.737 3	0.843 2
家人老师	0.688 1	0.742 2
体育运动	0.797 3	0.813 2
健康素质	0.651 9	0.701 2
动作身材	0.585 0	0.632 8
仪表表情	0.523 6	0.697 3
长相身高	0.422 3	0.536 2

为验证量表的效度，根据探索性因素分析结果，设置 4 个潜变量，即自信的 4 个二维度，每个潜变量对应的观测变量分别为 3 个、3 个、2 个和 5 个，共设置 13 个观测变量，据此构成样本的协方差矩阵，作为模型检验的基础。利用正式量表调查获得的 686 个无缺省值的数据，对模型进行验证性因子分析，其拟合度指数见表 8-32。这说明此 13 个观测变量由 4 个潜变量所决定，且潜变量之间均存在相关性，这样的模型较为合理、拟合效果也较好，亦说明量表的结构模型比较合理。

表 8-32 大学生自信量表结构模型的验证性因子分析结果

指标	χ^2	df	χ^2/df	GFI	AGFI	NFI	NNFI	CFI	PNFI	SRMR
数值	462.30	134	3.45	0.89	0.83	0.83	0.80	0.85	0.72	0.069

4. 应用情况

该量表在编制者的大学生自信发展研究中使用。[1] 选取的被试主要为重庆大学、西南师范大学、西南农业大学、重庆师范学院的学生，测查时间为 2001 年 1 月，以班级为单位进行团体测量，由量表编制者主持每一次测量，有统一的指导语。对大学生自信状况的调查结果见表 8-33。

表 8-33 大学生自信各维度基本数据

	N	最小值	最大值	M	D	题项平均得分
整体自信	867	44.00	88.00	63.96	7.446	3.366
学业自信	867	29.00	104.00	71.71	11.372	3.415
社交自信	867	21.00	59.00	43.45	6.721	3.621
身体自信	867	36.00	81.00	59.29	7.767	3.294
综合确认	867	14.00	40.00	28.21	5.015	3.527
总体肯定	867	11.00	30.00	24.07	3.953	4.011
否定自我	867	5.00	24.00	11.68	3.896	2.335
动手操作	867	12.00	55.00	35.63	7.312	3.239
专业信心	867	6.00	30.00	21.61	3.840	3.601
外语信心	867	4.00	20.00	14.47	3.140	3.618
同学他人	867	8.00	35.00	23.69	4.597	3.240
家人老师	867	9.00	25.00	19.76	3.139	3.952
体育运动	867	4.00	20.00	12.96	2.577	3.240
健康素质	867	7.00	25.00	17.22	3.084	3.443
动作身材	867	3.00	15.00	9.84	1.939	3.279
仪表表情	867	3.00	15.00	10.48	2.154	3.495
长相身高	867	4.00	15.00	8.80	2.048	2.933

由表 8-33 可见：①就整体自信而言，平均值为 3.366，约居于中等程度范

围。就其内部的 3 个二阶维度来说，“总体肯定”维度的得分（M=4.011）最高，“否定自我”维度的得分最低（M=2.335），可见当年的大学生对自己的否定认识较少、基本能够进行正面认识与肯定。②就学业自信维度来说，平均值为 3.415，亦属中等程度范围。③就社交自信维度来看，平均值为 3.621，在 4 个分量表中平均得分最高，而且大学生对与家人老师关系的自信程度（M=3.952）大于他们对与同学他人关系的自信程度（M=3.240）。这可能是社会大环境与校园竞争产生的人际疏离的一种投射。④就身体自信而言，其平均值为 3.294，在其 5 个一阶维度中“长相身高”维度的得分（M=2.933）最低，平均值低于 3，可见大学生对自身长相身高方面的肯定和确认程度较低。

参考文献

[1] 车丽萍. 当代大学生自信特点研究［D］. 重庆：西南师范大学，2002.（量表来源文献）

扫 描 二 维 码
获 取 量 表

大学生创业自我效能感量表

1. 概述

创业自我效能是指一个人能够成功地扮演创业者角色和完成创业核心任务的信念强度。它是创业研究领域引入自我效能概念后产生的一个新概念，随着创业研究的不断深入而日益受到重视。自我效能是指人们对自身能否利用所拥有的技能去完成某项工作行为的自信程度。自我效能理论作为社会认知理论和社会学习理论的核心概念，直接作用于人们的思维、动机和行为。创业作为一种人类活动方式，无疑会受到自我效能的影响。创业自我效能感是潜在创业者的关键先决条件之一，编制大学生创业自我效能感量表能够为高校开展创业教育和培养大学生创业自我效能感提供有效的量测工具，有助于发现具备创业能力的潜在创业者，增强大学生创新创业的决心和信心。

大学生创业自我效能感量表由韩力争于 2011 年编制而成。[1] 量表结构由创业基本能力效能感和自我控制效能感两个分量表构成，具体结构见图 8–3。

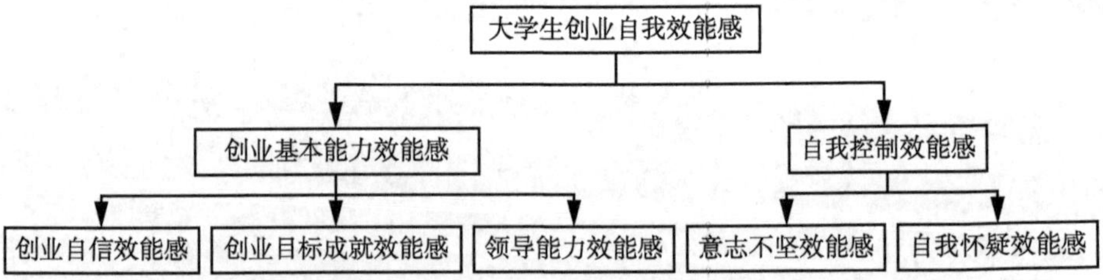

图 8–3　大学生创业自我效能感量表结构

2. 量表结构及实施方法

2.1　量表维度及内涵阐释

整个量表包括 5 个一阶维度：创业目标成就效能感、创业自信效能感、领导能力效能感、意志不坚效能感和自我怀疑效能感。各维度的具体内涵如表 8–34 所示。

表 8–34　大学生创业自我效能感量表维度内涵

维度		具体内涵
创业基本能力效能感	创业自信效能感	在决策、积极应对和成功创业等方面的自信，可归结为对创业各方面能力总认知的一种信心和胜任感
	创业目标成就效能感	对创业成功和成就的自信
	领导能力效能感	创建和维护团队的能力，能带动周围的人积极工作及与他人建立团结合作的工作关系
自我控制效能感	意志不坚效能感	无法应对困境、将事件的发生归因于外部不稳定因素，面临困难、挫折时容易放弃
	自我怀疑效能感	怀疑自己的学习能力、怀疑成就的取得，对自己的能力持怀疑态度等

2.2　量表的题项归属

量表包含 32 个题项，涵盖大学生创业自我效能感的 5 个维度，题项分布见表 8–35。

表 8–35　大学生创业自我效能感量表题项分布

维度		题项
创业基本能力效能感	创业自信效能感	1—11
	创业目标成就效能感	12—19
	领导能力效能感	30—32
自我控制效能感	意志不坚效能感	26—29
	自我怀疑效能感	20—25

2.3　答案选项和记分方法

（1）采用李克特 9 点量表法进行记分，“非常不符合”记 1 分，“非常符合”记 9 分，其他依此类推。

（2）题项 20~29 为反向记分，其他题项均为正向记分。

3. 测量学指标

为验证量表的测量学指标，选取南京大学、南京理工大学、南京师范大学和南京财经大学这 4 所江苏省高校的不同专业的在读本科生作为调查对象。调查在课堂上通过集中测试的形式进行，要求学生在 10 分钟内完成。共发放量表 1 019 份，收回有效量表 946 份，有效回收率达 92.84%。总量表及其各维度的 Cronbach's α 系数见表 8–36，说明量表的内部一致性程度较高。

表 8–36　大学生创业自我效能感量表及各维度信度指标

维度	Cronbach's α 值
创业自信效能感	0.89
创业目标成就效能感	0.87
领导能力效能感	0.84
意志不坚效能感	0.80
自我怀疑效能感	0.78
总量表	0.90

对量表测评数据进行验证性因子分析，以检验 2 个二阶因子、5 个一阶因子模型的合理性。模型拟合度检验结果见表 8–37。可见 $\chi^2/df<5$，$RMSEA<0.08$，NFI，NNFI，CFI，IFI 的拟合度均大于 0.90，说明拟合度检验值均达到可接受范围，模型结构对数据的拟合良好，大学生创业效能感量表的结构模型稳定可靠。

表 8–37　大学生创业效能感量表模型拟合度检验结果

指标	χ^2	df	χ^2/df	RMSEA	NFI	NNFI	CFI	IFI
数值	2 276.31	458	4.97	0.065	0.95	0.96	0.96	0.96

4. 应用情况

该量表被用于对大学生创业自我效能感的调查研究中。[1] 部分研究结果如下。

1）大学生创业自我效能感现状

大学生创业自我效能感的均值为5.99，表明大学生创业自我效能感处于中等水平。在各个维度中，创业自信效能感的均值（6.55）最高，创业目标成就效能感的均值（5.19）最低（见表8–38）。

表8–38　大学生创业自我效能感描述统计

维度	M	SD
创业自信效能感	6.55	1.18
创业目标成就效能感	5.19	1.51
领导能力效能感	6.13	1.64
意志不坚效能感	5.78	1.48
自我怀疑效能感	6.24	1.76
大学生创业自我效能感	5.99	0.99

2）大学生创业自我效能感在性别、年级方面的差异性检验

采用独立样本 *t* 检验考察性别对大学生创业自我效能感的影响，结果发现男生得分显著高于女生（见表8–39）。其中，男生比女生具有更高的创业自信效能感、创业目标成就效能感及领导能力效能感，而女生比男生在自我怀疑效能感维度上得分更高，男、女生在意志不坚效能感上无显著差异。

表8–39　性别对创业自我效能感的影响

维度	男生		女生		*t*
	M	SD	M	SD	
创业自信效能感	6.62	1.17	6.46	1.18	2.15*
创业目标成就效能感	5.53	1.43	4.75	1.51	8.19***
领导能力效能感	6.24	1.63	6.00	1.64	2.22*
意志不坚效能感	5.74	1.49	5.83	1.46	–0.91
自我怀疑效能感	6.06	1.79	6.47	1.69	–3.64***
大学生创业自我效能感	6.08	0.97	5.87	1.00	3.21***

注：* 表示 $p<0.05$，** 表示 $p<0.01$，*** 表示 $p<0.001$。

年级对大学生创业自我效能感也存在显著影响（见表 8-40）。大一学生的创业自我效能感最高，大四学生的得分最低，大一、大三学生的创业效能感显著高于大二、大四学生。大学生创业自我效能感及各维度均存在显著的年级差异。

表 8-40　性别对创业自我效能感的影响

维度	大一		大二		大三		大四		F	Sig
	M	SD	M	SD	M	SD	M	SD		
创业自信效能感	6.64	1.16	6.55	1.16	6.63	1.16	6.27	1.25	5.33***	0.00
创业目标成就效能感	5.12	1.62	5.38	1.37	5.22	1.55	4.67	1.56	7.55***	0.00
领导能力效能感	6.52	1.70	5.99	1.53	6.29	1.59	5.71	1.84	5.84***	0.00
意志不坚效能感	5.89	1.52	5.54	1.46	5.88	1.46	6.00	1.48	3.70**	0.01
自我怀疑效能感	6.54	1.76	5.88	1.76	6.47	1.70	6.23	1.79	1.74	0.16
大学生创业自我效能感	6.10	1.04	5.93	0.90	6.09	1.01	5.76	1.04	5.02***	0.00

注：* 表示 $p<0.05$，** 表示 $p<0.01$，*** 表示 $p<0.001$。

参考文献

[1] 韩力争. 大学生创业自我效能感结构研究 [D]. 南京：南京师范大学，2011.（量表来源文献）

扫描二维码
获取量表

大学生学业自我效能感量表

1. 概述

大学生学业自我效能感量表由梁宇颂于2000年编制而成。[1] 该量表是在宾特里奇（Pintrich）[2] 的学业自我效能量表的基础上编制而成的。梁宇颂把学业自我效能分为学习能力自我效能感和学习行为自我效能感两个维度。量表含22道测题，评分方法采用5分制，分数越高代表学业自我效能感越高。

学业自我效能是指个体对自身成功完成学业任务所具有能力的判断与自信。在班杜拉（Bandura）的社会认知理论[3] 中，自我效能是一个很重要的概念。他认为，由于不同活动领域之间的差异性使得个体所需要的能力、技能也千差万别。一个人在不同领域中，其自我效能感是不同的。因此，并不存在一般的自我效能感。任何时候讨论自我效能感，都指与特定领域相联系的自我效能感。同时，一个人对自身效能的判断决定了个体在面对目标与自我表现之间的差距时的反应，效能感高的人会进一步努力，效能感低的人会放弃努力。就学生的学习动机而言，学生的自我效能感越高，其学习动机就越高；反之，则学习动机就越低。大量的实证研究表明，个体自我效能感的高低直接决定其努力学习的可能性，它是学习动机的重要影响因素。

2. 量表结构及实施方法

2.1 量表维度及内涵阐释

量表将学业自我效能感分为学习能力自我效能感和学习行为自我效能感两个维度。学习能力自我效能感是指个体对自己是否具有顺利完成学业、取得良好成绩和避免学业失败的能力的判断和自信。学习行为自我效能感是指个体对自己能否采取一定的学习方法达到学习目标的判断与自信。

2.2 量表的题项归属

该量表包含22个题项，其中题项1—11归属于学习能力自我效能感维度，题项12—22归属于学习行为自我效能感维度。

2.3 答案选项和记分方法

（1）采用李克特5点量表法进行记分，“完全不符合”记1分，“比较不符合”记2分，“不太确定”记3分，“比较符合”记4分，“完全符合”记5分。

（2）14、16、17、20题为反向记分题，其他均为正向记分题。

3. 测量学指标

为验证量表的测量学指标，从武汉工业大学、水利电力大学、华中师范大学、湖北大学4所高校中随机抽取640名大学生实施测试，获得有效量表455份。量表的Cronbach's α系数为0.842，其中学习能力自我效能感维度的Cronbach's α系数为0.820，学习行为自我效能感维度的Cronbach's α系数为0.752，均超过0.7，说明量表具有良好的内部一致性。

为考察量表的结构效度，采用探索性因素分析方法对量表进行分析。从量表因素分析结果中取特征值大于1的前两个因子（学习能力自我效能感和学习行为自我效能感），可解释总变异的79.8%。极大法旋转后的因子负荷矩阵显示，题项1—11在因子1上的负荷系数在0.625至0.983之间，题项12—22在因子2上的负荷系数在0.629至0.994之间。这表明量表具有较好的结构效度。

4. 应用情况

该量表首先被用于大学生成就目标、归因方式与学业自我效能感的研究。该研究发现，对于学习能力自我效能感，性别的主效应达到显著水平，（$F=5.571$，$df=1$，$p<0.05$），而年级、学科、生源地的主效应不显著；在性别、年级、学科、生源之间的交互作用中，只有性别和学科、性别和生源地的交互作用达到显著水平（$F=4.639$，$df=1$，$p<0.05$；$F=5.169$，$df=1$，$p<0.05$）。

量表还被用于大学生成就目标定向、学业自我效能感与学习投入关系的研究。[4]该研究发现，性别、年级和家庭所在地等因素上没有显著的主效应，但性别、年级和家庭所在地三因素存在交互效应（F=2.51，p=0.041）。进一步的简单效应分析表明，对于家庭所在地为城市的男生来说，存在年级主效应（F=4.30，p=0.014），与大一、大二的城市男生相比，大三的城市男生学业自我效能感得分更高。

参考文献

[1] 梁宇颂. 大学生成就目标、归因方式与学业自我效能感的研究［D］. 武汉：华中师范大学，2000.（量表来源文献）

[2] PINTRICH P R，DE GROOT E V. Motivational and self-regulated learning components of classroom academic performance［J］. Journal of Educational Psychology，1990（1）：33-40.

[3] BANDURA A. Self-efficacy toward a unifying theory of behavior change［J］. Psychological Review，1977，84（3）：191-215.

[4] 王学坚. 大学生成就目标定向、学业自我效能感与学习投入关系研究［D］. 哈尔滨：哈尔滨师范大学，2011.

扫 描 二 维 码
获 取 量 表

大学生学习适应量表

1. 概述

大学生学习适应量表由冯廷勇等于2006年编制而成。[1]学习是一种使个体获得经验，并导致个体已有的心理结构发生适应性变化的多层次、多侧面的心理活动。而适应的概念，按照皮亚杰的“平衡说”理论，是指通过丰富或发展主体的动作以适应客体变化的过程，[2]即个体依据对内外环境变化的认识和体验，通过积极的自我调节，使自己的心理和行为与环境保持相互协调、和谐发展的动态心理过程。学习适应是指主体根据环境及学习的需要，努力调整自我，以达到与学习环境平衡的心理和行为过程。学习适应有其内在的心理结构、心理条件和实现过程。主体一般要经过适应平衡状态的打破、学习需要的产生、学习诱因的作用、自我的积极调整，最后才能达到学习适应的良好状态。因此，学习适应包括自我调整和学习环境适应状态两大部分，其中自我调整包括学习动机、学习能力、学习方法等，学习环境适应状态包括对教学模式、与学习直接相关的环境的适应水平等。这也是此量表的理论构想。

2. 量表结构及实施方法

2.1 量表维度及内涵阐释

大学生学习适应量表包括自我调整和学习环境适应状态两个二阶维度，包括学习动机、学习能力、学习态度、教学模式和环境因素5个一阶维度。各维度的具体内涵如表8-41所示。

表 8-41　大学生学习适应量表各维度内涵

维度		具体内涵
自我调整	学习动机	学习的动力因素，是引起和维持学习的内在原因和动力
	学习能力	主要指感知能力、记忆能力和思维能力等，也包括方法学习的能力
	学习态度	学生对学习以及在学习情境中所表现出来的比较稳定的心理倾向，带有明显的情感体验色彩。积极的学习态度能够促进大学生的学习适应和学习进步，反之抱着“60 分万岁”的消极的态度则不利于学习适应和学习进步
学习环境适应状态	教学模式	在一定教学思想或教学理论指导下建立起来的较为稳定的教学活动结构框架和活动程序
	环境因素	包括学习环境、社交因素和家庭因素等

2.2　量表的题项归属

量表包含 44 个题项，具体的题项分布见表 8-42。

表 8-42　大学生学习适应量表题项分布

维度		题项
自我调整	学习动机	6、4、34、16、41、36、43、2
	学习能力	7、13、17、27、10、19
	学习态度	28、24、18、11
学习环境适应状态	教学模式	3、5、21、15、25、23、20
	环境因素	30、12、29、31

2.3　答案选项和记分方法

（1）采用李克特 5 点量表法进行记分，即“完全符合”记 5 分，“比较符合”记 4 分，“不确定”记 3 分，“比较不符合”记 2 分，“完全不符合”记 1 分。

（2）题项 3、5、6、8、9、11、12、14、15、16、18、20、21、22、23、24、25、26、28、29、30、31、32、34、37、40、42、44 为反向记分，其他题项均为正向记分。

3. 测量学指标

量表各维度的 Cronbach’s α 系数均在 0.7 以上，达到了可接受的水平，说明该量表具有较好的信度（见表 8-43）。

表 8-43　大学生学习适应量表信度系数指标

维度	Cronbach's α 值
学习动机	0.796 6
学习能力	0.747 6
学习态度	0.739 6
教学模式	0.713 5
环境因素	0.725 5

进一步检验量表的结构效度，发现模型的拟合度较好，说明量表的结构效度较好（具体见表 8-44）。

表 8-44　大学生学习适应量表结构效度拟合指数

拟合指标	χ^2/df	RMSEA	TLI	CFI
数值	2.335	0.049	0.840	0.855

4. 应用情况

该量表被用于高职学生学习适应性的调查研究中。[3] 研究对象为某高职院校 1 808 名学生，其中大一学生 1 025 名，大二学生 575 名，大三学生 208 名。所得研究结果如下：

（1）高职学生学习适应性总均分为 71.73 ± 15.03 分，各条目均分为 2.47 ± 1.07 分，整体处于中等偏下的水平。环境因素维度的均分大于 3 分，处于中等偏上水平；学习动机、教学模式、学习态度和学习能力这 4 个维度的均分均小于 3 分，处于中等偏下水平。

（2）高职学校学生的学习适应性存在年级变量上的显著差异。大一学生的学习适应性最好，显著好于大二、大三学生。

（3）单招学生的学习适应性总分显著优于高考学生。单招学生的升学目标为职业院校，能够更早规划自己的大学生活，多数单招学生在入校前有打工经历，职场的锻炼使单招学生更能适应职业教育的内容和方式。

（4）家庭经济状况困难的学生的学习适应性显著好于家庭经济状况较好的

学生。

参考文献

［1］冯廷勇，苏缇，胡兴旺，等．大学生学习适应量表的编制［J］．心理学报，2006，38（5）：762–769.（量表来源文献）
［2］林崇德．发展心理学［M］．北京：人民教育出版社，1995.
［3］程丽昕．高职学生学习适应性的调查研究［A］//2023 年第一届生活教育学术论坛论文集［C］．北京：中国陶行知研究会，2023.

扫描二维码
获取量表

第九章 创新能力

批判性思维倾向量表（CTDI–CV）

1. 概述

批判性思维（Critical Thinking，CT）是学生智能素质和创造力的重要组成部分。培育学生的创新性思维和批判性思维是世界高等教育改革的共同目标。批判性思维是指“针对信念或做何种决定而进行的合理反省思维”，是“对思维的思维，思考自己的想法，以使自己更好地思考”，是“熟练的、可靠的思考，因为它对背景敏感，依赖标准，并能自动调整，所以有助于形成有效的判断”。[1]批判性思维由倾向（习性、态度）和技能两个方面构成。[2]批判性思维倾向与技能之间是互为增强的关系，即高批判性思维倾向的人更乐于/惯于学习和运用批判性思维技能。同样，批判性思维技能较强的人更倾向于运用批判性思维来思考问题。为了解学生的批判性思维能力在性格上的表现（批判性思维倾向），法乔恩（Facione）等人[3]开发了加州批判性思维倾向量表（California Critical Thingking Disposition Inventory，CCTDI），该量表测量批判性思维 7 个方面的特质，包含 75 个题项，采用李克特 6 点量表法进行记分，1 代表“非常赞同”，6 代表“非常不赞同”。香港和台湾地区使用此量表对学生进行评估后发现，量表的内部一致性系数不稳定。于是，以彭美慈[4]为代表的中国护理教育者，对此量表进行了适当的修订，形成了中国版的批判性思维倾向量表（CTDI- CV），修订后的批判性思维倾向量表同样包含 7 个维度，但题项减少为 70 个。

中国版批判性思维倾向量表在修订过程中首先采用焦点小组讨论的方法，修订量表的语言表述，以确保学生能理解。其次，量表中有 16 个题项加入了情境化的描述，或在用词上顾及中华文化重谦厚的特点，以使学生更能掌握各题项的测量要点。此外，中国版批判性思维倾向量表简化了加州批判性思维倾向量表的计分程序，但总分值与加州批判性思维倾向量表相等。

2. 量表结构及施测方法

2.1 量表维度及题项归属

中国版批判性思维倾向量表包含 7 个维度：寻找真相（Truth-seeking）、开放思想（Open-mindedness）、分析能力（Analyticity）、系统化能力（Systematicity）、批判性思维的自信心（CT Self-confidence）、求知欲（Inquisitiveness）和认知成熟度（Maturity），含 70 个题项，每个维度包含 10 个题项。各维度的具体内涵见表 9-1，具体的题项归属见表 9-2。

表 9-1 中国版批判性思维倾向量表各维度内涵

维度	内涵
寻找真相	热衷于在特定情境中探寻知识，勇于提出问题；即使结果与个人信念相违背或与先前假设不一致，仍然抱着真诚、客观的态度来探寻
开放思想	能容纳不同意见，防范个人偏见
分析能力	能洞察问题所在，用推理和证据来解决问题、预见困难和结果，并始终保持警惕，以便及时干预
系统化能力	能勤奋并有条理、有组织、有目标地处理问题
批判性思维的自信心	对自己的理性分析能力有把握。批判性思维自信心使个体相信自己判断的正确性，并引导他人解决问题
求知欲	即使知识的实用价值不能即刻显现，也对其充满好奇，并热衷于学习
认知成熟度	决策审慎。批判性思维程度高的人能明白在解决问题、探求知识、做出决策的过程中不止有一种选择，而且很多情况下要排除妨碍因素，依据各种标准、情境和证据来选择

表 9-2 中国版批判性思维倾向量表各维度题项归属

维度	题项
寻找真相	1、2、3、4、5、6、7、8、9、10
开放思想	11、12、13、14、15、16、17、18、19、20
分析能力	21、22、23、24、25、26、27、28、29、30
系统化能力	31、32、33、34、35、36、37、38、39、40

续表

维度	题项
批判思维的自信心	41、42、43、44、45、46、47、48、49、50
求知欲	51、52、53、54、55、56、57、58、59、60
认知成熟度	61、62、63、64、65、66、67、68、69、70

2.2 答案选项和记分方法

（1）采用李克特6点量表法进行记分，从1到6分别表示“非常不赞同”“不赞同”“比较不赞同”“比较赞同”“赞同”“非常赞同”。所有题项分值累加即为大学生批判性思维倾向得分，分数越高，表明大学生的批判性思维越强。

（2）题项1~10、14~20、28~30、35~40、50、58~70为反向记分，其他题项均为正向记分。

（3）总分在210至280分，表明批判性思维倾向气质为中性倾向；低于210分表明与批判性思维倾向气质明显相背离；高于280分表明批判性思维倾向气质为正性。各个维度得分小于30分，表明在该维度上的表现较差，呈负倾向；得分在30至40分，表明在该维度上的表现呈中性倾向；得分大于40分，表明在该维度上的表现较好，呈正倾向。

3. 测量学指标

为检验量表的信效度，2002年秋采用分层整群抽样的方式，抽取1 829名来自香港（49.4%）、台北（19%）、成都（12.5%）、澳门（8.5%）、武汉（4.9%）、上海（5.7%）的大专生（34.3%）、本科生（59.5%）和硕士生（6.2%）作为被试进行测试，进而计算量表的Cronbach’s α系数，发现中国版批判性思维倾向量表的内部一致性系数为0.90，各个维度的α系数为0.54~0.77，比加州批判性思维倾向量表的中译版要好（见表9–3）。

表 9-3　不同版本批判性思维倾向量表各维度的内部一致性检验结果

批判性思维特质	Cronbach's α 值		
	CTDI-CV（*n*=1 829）	CCTDI- 中译版（*n*=214）	CCTDI（*n*=196）
寻找真相	0.57	0.48	0.62
开放思想	0.54	0.34	0.53
分析能力	0.62	0.40	0.52
系统化能力	0.64	0.47	0.62
批判思维的自信心	0.76	0.68	0.73
求知欲	0.77	0.73	0.70
认知成熟度	0.57	0.46	0.64
总量表	0.90	0.71	0.79

中国版批判性思维倾向量表的最终总平均分为 287.89，为正倾向表现，但寻找真相（37.66）和系统化能力（38.15）维度的均分稍低，其他 5 个维度均高于 40 分，具体见表 9-4。

表 9-4　不同版本批判性思维倾向量表各维度均分结果统计

批判性思维特质	均分 ± 标准差		
	CTDI-CV（*n*=1 829）	CCTDI- 中译版（*n*=214）	CCTDI（*n*=196）
寻找真相	37.66 ± 0.75	31.21 ± 4.48	31.88 ± 4.44
开放思想	42.64 ± 5.34	39.03 ± 5.03	38.07 ± 4.10
分析能力	43.01 ± 5.29	41.48 ± 5.16	40.56 ± 4.99
系统化能力	38.15 ± 5.99	36.32 ± 4.94	36.84 ± 4.92
批判思维的自信心	40.33 ± 6.24	41.63 ± 6.95	38.30 ± 6.48
求知欲	44.61 ± 6.35	46.36 ± 5.90	42.12 ± 6.66
认知成熟度	41.50 ± 5.59	36.13 ± 5.07	36.97 ± 4.93
总量表	287.89 ± 29.71	273.38 ± 23.41	264.70 ± 24.01

4. 应用情况

CTDI-CV 在测量中国大学生 CT 倾向方面得到了非常广泛的应用，有大量的测量结果得到公开发表。总体来看，CTDI-CV 的调查结果表明，我国大学生 CT 倾向的总体水平呈中性倾向或偏弱的正倾向[5-14]。

参考文献

[1] NOSICH G D. Learning to think things through: A guide to critical thinking across the curriculum [M]. 4th ed. London: Pearson Education Inc., 2021.

[2] FACIONE P A. The California critical thinking skills test: College level. technical report #1 — Experimental validation and content validity [M]. Millbrae: California Academic Press, 1990: 4.

[3] FACIONE P A, FACIONE N C, GIANCARIO CAF. The California critical thinking disposition inventory, CCTDI scoring supplement [M]. Millbrae, CA: California Academic Press, 2000.

[4] 彭美慈，汪国成，陈基乐，等. 批判性思维能力测量表的信效度测试研究 [J]. 中华护理杂志，2004（9）：644-647.（量表来源文献）

[5] 刘义，赵炬明. 大学生批判性思维倾向的现状调查 [J]. 高等工程教育研究，2010（1）：81-85.

[6] 高志远. 应用型本科大学生批判性思维倾向现状调查 [J]. 高教探索，2013（20）：129-133.

[7] 汪福秀. 大学生批判性思维能力的结构性分析 [J]. 武汉商学院学报，2015，29（3）：77-80.

[8] 艾志华，万泉. 非英语专业大学生批判性思维现状调查分析及对策 [J]. 当代教育实践与教学研究，2019,（12）：91-92.

[9] 李娜，韩清恩，钟文先. 大学生批判性思维素质现状及差异分析 [J]. 中国高教研究，2019,（2）：49-52.

[10] HOU Y M. Critical thinking and its relevant factors among undergraduates [J]. Journal of Educational Theory and Management, 2021, 5 (2): 23-30.

[11] 顾琴轩. 大学生批判性思维倾向调查与培养建议 [J]. 上海教育评估研究，2013（4）：64-73.

[12] 周宇剑，宋周洲. 地方本科院校学生批判性思维能力调查研究 [J]. 湖南科技学院学报，2017，38（10）：100-105.

[13] 韩琳琳，陈长香，张兴华. 大学生批判性思维现状调查分析 [J]. 中国健康心理学杂志，2007，15（3）：245-247.

[14] 李俊龙，单姗. 大学生批判性思维倾向及其与学习行为的关系研究 [J]. 中国农业教育，2022，23（3）：62-71.

扫描二维码
获取量表

创造性行为调查表

创造力是指个体产生的既新颖独特又具有实用价值的产品的能力。它受个体认知能力、人格、动机和社会环境相互作用的影响。关于创造力的研究主要存在两种取向。一是产品导向，强调个体外化行为、作品以及思想的创新性和有用性。在此研究取向下，个体创造力的评估主要关注已发生的事件和已取得的成就，常采用创造性成就问卷（Creative Achievement Questionnaire，CAQ）来测量个体在各个领域内所创造的新颖的、有价值的产品的总和，以及采用创造性行为调查表（Creative Behavior Inventory，CBI）来测量个体短期的创造性表现。二是加工过程取向，强调创造性产品是多种认知加工的结果，包括新异想法的产生和对想法进行选择或精细加工以形成有价值的产物。此方面研究主要集中于对个体创造性思维的形式和认知机制进行探究。研究者通常认为创造性思维测量包括发散思维和聚合思维两类。

创造性行为调查表（Creative Behavior Inventory，CBI）由贺斯瓦尔（Hocevar，1979，1980）[1, 2]编制而成，用于测量个体的创造性成果和成就。2003 年，多林格（Dollinger）[3]对其进行了改编，形成了一个包含 28 个条目的简版 CBI。2018 年，家晓余[4]将其译为中文并运用于个体创造性成就调查。CBI 简版条目中，有些要计算学校安排活动的次数，另一些则不需要。为了避免混淆，家晓余在不需要计算学校安排活动次数的后面注明了“课堂作业除外”。CBI 简版量表采用李克特 4 点量表法进行记分，1 表示“0 次”，4 表示“5 次及以上”，CBI 简版的总分为 84 分，与完整版之间的相关系数高达 0.90，内部一致性 a 系数为 0.93，已被广泛使用。[5]

建议读者在使用此量表时找到英文原始文献，再次核对翻译的准确性，并进一步检验问卷的信效度，或者根据原始问卷的编制原则，加入符合当代中国青少年生活实际，并能体现创造性的行为。

参考文献

[1] HOCEVAR D. Ideational fluency as a confounding factor in the measurement of

originality [J]. Journal of Educational Psychology, 1979, 71 (2): 191–196.

[2] HOCEVAR D. Intelligence, divergent thinking and creativity [J]. Intelligence, 1980, 4 (1): 25–40.

[3] DOLLINGER S J. Need for uniqueness, need for congnition and creativity [J]. The Journal of Creative Behavior, 2003, 37 (2): 99–116.

[4] 家晓余. 个体能力观对创造性思维的影响：基于元认知的框架 [D]. 杭州：浙江大学，2018.（量表来源文献）

[5] PURYEAR J S. Metacognition as a moderator of creative ideation and creative production [J]. Creativity Research Journal, 2015, 27 (4) 334–341.

扫 描 二 维 码
获 取 量 表

创造性成就问卷

创造性成就问卷（Creative Achievement Questionnaire，CAQ）由卡森（Carson）于 2005 年编制而成，是一个自我报告清单式的问卷，用以测量个体迄今为止在各个创造性领域里所获得的成就。问卷分为 3 个部分，包括 98 个项目。第一部分列举了创造性的各个方面，要求被试选出自我认为比普通人做得好的方面。第二部分列出了科学和艺术创造性的 10 个领域以及每个领域的等级。这 10 个领域包括视觉艺术、音乐、舞蹈、创造性写作、设计、幽默、话剧和影视、科学探索、发明创造和厨艺。被试被要求选出每个领域自己所获得的成就。每个领域包含 8 个等级条目，从 0 到 7 记分，如对于视觉艺术领域，“0”表示“在这个领域我没有任何的训练或被公认的才能”，“7”表示“我的作品被国家级出版刊物评论过”。在一些特别条目上，被试会被要求写出获得此成就的次数。第三部分要求被试自己列举出除上述领域之外自己还获得过的创造性成就。个体创造性成就的总分主要由第二部分构成，第一部分和第三部分供研究者参考。CAQ 得分通常呈现正偏态分布，也就是说只有极少部分人有高的创造性成就。与同类测量的对比研究发现 CAQ 比其他测量的信效度都好。CAQ 的重测信度为 0.81，内部一致性信度为 0.96，聚合信度为：发散思维 0.47、创造性人格特质 0.33。目前，CAQ 已被广泛运用于创造性研究之中。[1]

参考文献

[1] 家晓余．个体能力观对创造性思维的影响：基于元认知的框架［D］．杭州：浙江大学，2018.（量表来源文献）

扫 描 二 维 码

获 取 量 表

创造性人格量表1

创造力是涉及创造性思维、人格和环境的交互系统。从加工取向来讲，创造力是一种以新颖方式解决问题的能力，需要一系列认知加工过程的参与，如注意、抑制控制和工作记忆等。与常规的问题解决不同，创造性问题的解决更多依赖于个体的创造性思维。创造性思维是一种高级思维活动，是个体根据已有经验产生独特、新颖并有价值的产品的思维过程，包括发散思维、聚合思维、顿悟、想象和创造性类比推理等形式，其中发散思维和聚合思维是创造性思维的两种主要形式。随着研究的深入，人们发现具备创造性思维的人也具有某些人格特质，因此有关创造性人格方面的研究也得到重视。1979 年，高夫（Gough）编制了一个创造性人格量表（Creative Personality Scale，CPS）。该量表由 30 个形容词组成，包括 18 个正权重的形容词和 12 个负权重的形容词。正权重形容词有有才能的、聪明的、充满自信的、富有幽默感的、兴趣广泛的和机灵的等，负权重形容词有谨慎的、兴趣狭隘的、死板的、守旧的和顺从的等。被试需在符合自身实际情况的形容词前写“+”号，在不符合自身实际情况的形容词前写“–”号，其中“+”记 1 分，“–”号记 –1 分。所有被试在 CPS 上的总分从 –12 到 18 变化。CPS 在测量个体创造性人格上具有一定的信效度。[1]

参考文献

［1］家晓余．个体能力观对创造性思维的影响：基于元认知的框架［D］．杭州：浙江大学，2018.（量表来源文献）

扫描二维码
获取量表

创造性人格量表 2

1. 概述

古希腊哲学家亚里士多德认为，创造是“迄今未知的东西”。创造性人格是美国心理学家吉尔福特提出的概念。他指出，创造性的行为不仅取决于智力活动，还受到多种心理因素的制约，同时依赖于创造性行为的各种认知过程，并与个人的价值观、性格和气质等因素紧密相关。人格在创造性活动中起到整合的作用。从事任何创造性活动的人所展现的是创造性人格的整体能力，而非其中某一方面的发挥。创造性人格在个体创造表现的过程中，起到促进和保障、整合和稳定创造发展的作用。创造性人格具有以下几个特征：第一，创造性人格是相对稳定的心理特征，包括创造个性倾向和创新精神，对创造力活动的发展和完成起到促进和保障作用（它是个体创造力的发展动态）。第二，创造性人格包含多维度结构或特征。创造性人格特质包含的内容广泛，多种特质之间存在相互作用，共同构建成了创造性人格。第三，创造性人格不只是在发明家、艺术家等具有高创作性才能的人才身上体现，每个人的身上同样可以拥有这些人才特质。每个人都有创造的潜能，只是表现出的程度不同而已。

关于创造性人格的特征，心理学家有不同的表述。美国心理学家认为，创造性人格主要表现在自觉性、求知欲、好奇心、洞察力、条理性、想象力、幽默感、意志力等 8 个方面。科勒则认为，创造性人格的特质包括智力、观察力、变通性、独创性、精致性、幽默感和自信心等方面。周昌忠在研究中指出，创造型人格的特质包括：勇敢，对客观事物敢于质疑；冒险性，在挫折面前迎难而上；幽默感，对富有趣味的事物好奇；独立，能专注于某个事物上；有恒心，能坚持不懈；一丝不苟，考虑问题详尽、周密。林崇德将创造性人格概括为刚毅的性格、健康的情感、积极的个性意识倾向、坚强的意志和良好的习惯等特质。量表作者滕徽将创造性人格定义为大学生在创造性活动中表现出来的独特个性特征。

2. 量表结构及实施方法

2.1 量表的维度

“创造性人格量表”最初由美国心理学研究者威廉姆斯编制而成，我国台湾学者林幸台和王木荣对其进行了修订，该量表包含 49 题，由冒险性、好奇性、想象力、挑战性 4 个维度构成，采用 5 点记分法。滕徽在林幸台和王木荣修订的[1]量表的基础上做了进一步修订，新修订的量表依旧包含好奇性、想象力、冒险性、挑战性 4 个维度，但量表题项从 49 个减少为 33 个。量表的 4 个维度可以解释种变异的 52.908%。

2.2 量表的题项归属

量表的题项归属见表 9–5（建议读者在使用此量表的过程中，进一步通过探索性因素分析来确定量表题项的维度归属）。

表 9–5 创造性人格量表各维度的题项归属

维度	题项
好奇性	1、2、3、4、5、6、7、8
想象力	9、10、11、12、13、14、15、16
冒险性	17、18、19、20、21
挑战性	22、23、24、25、26、27、28、29、30、31、32、33

2.3 答案选项和记分方法

（1）采用李克特 5 点量表法进行记分，“完全不符合”记 1 分，“基本不符合”记 2 分，“不太确定”记 3 分，“基本符合”记 4 分，“完全符合”记 5 分。

（2）所有题项均为正向记分。

3. 测量学指标

由表 9–6 可以看出问卷的 Cronbach's α 信度系数为 0.768~0.891，都在 0.7 之

上，总问卷的 Cronbach's α 信度系数为 0.867，说明问卷各个维度内部和各个维度之间的一致性较好；各维度的分半信度为 0.779~0.858，总问卷的分半信度为 0.786，都在可接受的范围内。综合两个指标来看，该问卷的信度较高，比较稳定和可靠。进一步的验证性因子分析发现，量表的各拟合指数也基本达到统计学的要求（见表 9–7），说明量表具有较高的结构效度。

表 9–6　创造性人格量表的信度指标

	Cronbach's α 值	分半信度
好奇性	0.768	0.790
想象力	0.775	0.779
冒险性	0.849	0.794
挑战性	0.891	0.858
总量表	0.867	0.786

表 9–7　创造性人格量表的验证性因子分析拟合指数

χ^2/df	RMR	GFI	ADFI	IFI	CFI	RESEA
3.045	0.67	0.947	0.929	0.932	0.785	0.046

参考文献

[1] 滕徽. 重庆大学生创业意向、创造性人格和社会支持的关系研究 [D]. 重庆：西南大学，2014.（量表来源文献）

扫 描 二 维 码
获 取 量 表

第十章 元认知

中国元认知问卷 30 题版（MCQ-30）

1. 概述

“元认知”这一概念，最早是发展心理学的研究内容，指的是“对认知的认知”，它对认知的内容和过程起着监视、控制和评价的作用。1994 年，韦尔斯（Wells）和马修斯（Matthews）提出了自我调节执行功能模型（the Self-Regulatory Executive Function Model，S-REF），并据此发展出了心理障碍的元认知理论。这一理论认为，心理障碍的产生和发展，是由于患者在面对某些负性想法或信念时存在着适应不良的应对模式，这不仅无益，还反而强化了那些负性认知，延长了痛苦情绪的体验，例如消极的反刍思维。这种病理性的应对模式被称为“认知—注意综合征（the Cognitive-Attentional Syndrome，CAS）”，它包括对担忧的言语性推理（如果……将会怎样？）、反刍、对危险的关注以及认知 / 行为方面的应对方式。导致认知—注意综合征的不良元认知信念有两种：①积极的元认知信念，认为担忧、反刍、威胁监控及其他类似的策略是有用的，例如“关注危险可以让我处在安全之中”。②消极的元认知信念，可分为两类，一类认为想法是不可控的，另一类认为想法是危险的、重要的等，例如“我无法控制我的担忧”“我的想法对我来说很重要”。与之前的认知理论相比，元认知理论不仅关注了传统意义上的认知层面，还更加关注认知的模式，因此提供了一个看待心理问题的新视角，并由此促进了心理病理学的研究。大量研究证实，元认知与多种心理障碍密切相关，例如广泛性焦虑、应激相关障碍、强迫障碍、抑郁症等；同时根据 S-REF 模型和元认知理论，Wells 发展出了元认知疗法。元认知疗法的日的是修正患者自身存在的不合理的消极元认知信念，减少其认知—注意综合征，同时重建其积极的和消极的元认知信念，使其对负性认知有更加灵活的、适应性的应对方式。临床研究和实践都验证了元认知疗法的有效性，甚至有研究表明其疗效要优于其他疗法，如传统的认知疗法。目前，测量元认知最常用的工具是元认知问卷（the Metacognitions Questionnaire，MCQ），[1] 该问卷由卡特赖特－哈顿（Cartwright-Hatton）和 Wells 于 1997 年编制而成。2004 年，他们又对 MCQ 原版进行了修订，发展出了更加简短的 30 题版本，即 MCQ-30。[2] 范文超等[3] 对 MCQ-30 进行了汉化和修订，并在中国的非临床被试（大学生）中进行测量以考察其信效度，为我国开展元认知研究和临床实践提供了科学有效的工具。

2. 量表结构及实施方法

2.1 量表维度

元认知问卷 30 题版（MCQ-30）是元认知问卷原版（MCQ-65）的简化版，分为 5 个维度，共包括 30 道题。具体的维度内涵见表 10-1。

表 10-1 元认知问卷 30 题版（MCQ-30）维度内涵

维度	具体内涵
认知自信	对自己记忆力和注意力等认知能力的评价，如“我记忆力很差”
对担忧的积极信念	认为担忧能够带来好的结果、避免危险，如“担忧能帮我避免未来可能会出现的问题”
认知自我意识	对自己思维过程关注的程度，如“我会密切关注自己思考的方式”
担忧的无法掌控 / 危险	对担忧的消极信念，认为担忧是不可控的、危险的，如“我的担忧对我来说很危险”
控制想法的需要	认为自己应该控制想法，如“如果我无法控制我的想法，就不能很好地生活”

2.2 量表的题项归属

中国版元认知量表（CMCQ-30）的 5 个维度的题项归属见表 10-2。

表 10-2　中国版元认知量表（CMCQ-30）的题项归属

量表维度	题项
认知自信（CC）	1、2、3、4、5、6
对担忧的积极信念（POS）	7、8、9、10、11、12
认知自我意识（CSC）	13、14、15、16、17、18
担忧的无法掌控 / 危险（NEG）	19、20、21、22、23、24
控制想法的需要（NC）	25、26、27、28、29、30

2.3　答案选项和记分方法

（1）采用李克特 4 点量表法进行记分，“完全不同意”记 1 分，“比较不同意”记 2 分，“比较同意”记 3 分，“完全同意”记 4 分。

（2）所有题项均为正向记分。

3. 测量学指标

问卷的总体重测信度为 0.741（$p<0.01$），各维度的重测信度为 0.593~0.732。将问卷进行相关分析，得到问卷总体的分半信度为 0.871，各维度为 0.715~0.837。问卷总体的 Cronbach's α 系数为 0.897，各维度则为 0.735~0.855，信度分析的具体结果见表 10-3。

表 10-3　中国版元认知量表（CMCQ-30）的信度检验结果

维度	Cronbach's α 值	分半信度	重测信度
认知自信（CC）	0.777	0.777	0.666
对担忧的积极信念（POS）	0.855	0.837	0.640
认知自我意识（CSC）	0.766	0.763	0.627
担忧的无法掌控 / 危险（NEG）	0.789	0.801	0.732
控制想法的需要（NC）	0.735	0.715	0.593
总体	0.897	0.871	0.741

进一步通过验证性因子分析检验量表的结构效度，结果显示所有题目的完全标准化负荷为 0.428~0.808，数据对五因素模型的拟合指数都符合心理测量学标准（见表 10-4），表明原始的因子结构对于中文版问卷同样适用。因此，接受原

问卷的五因素模型。

表 10-4 中国版元认知量表（CMCQ-30）的验证性因子检验结果

χ^2	χ^2/df	RMESA	CFI	TLI	SRMR
877.010	2.29	0.039	0.923	0.912	0.049

参考文献

[1] CARTWRIGHT-HATTON S, WELLS A. Beliefs about worry and intrusions: The meta cognitions questionnaire and its correlates [J]. Journal of Anxiety Disorders, 1997, 11 (3): 279-296.

[2] WELLS A, CARTWRIGHT-HATTON S. A short form of the metacognitions questionnaire: Properties of the MCQ-30 [J]. Behaviour Research and Therapy, 2004, 42 (4): 385-396.

[3] 范文超，符仲芳，徐慰，等．元认知问卷在中国大学生中的修订［J］．中国临床心理学杂志．2017，25（3）：448-452.（量表来源文献）

扫 描 二 维 码

获 取 量 表

元认知问卷

1. 概述

关于元认知的概念与构成，国内外研究者先后进行了不同界定。通过对元认知概念进行梳理发现，研究者们对元认知理解与分析的角度虽存在差异，但在两个方面的看法基本一致：①元认知以认知为对象，是关于认知的认知。②元认知包含静态成分和动态成分。[1] 利用元认知，个体察觉认知活动，根据已有知识与经验监控这些认知活动，指导和调节认知过程，检验认知目标是否实现。可见，元认知对认知起着计划、监控和评价作用。斯腾伯格在智力三重结构理论中十分强调元认知的核心作用，认为元认知能提高行为自觉性和认知效率。研究表明，在开放学习环境中缺乏元认知技能的学生认知能力得不到有效发挥，能够学到的知识较少，[2] 而元认知水平很高的学生即使认知能力不高，也能够有效地利用环境与资源引导自身，获取更多知识。[3, 4] 我国学者董奇等也认为，自我监控是智力的核心成分，它在人类智力中处于支配地位，对智力的其他成分起着控制和调节作用。[5] 综合对照国内外研究者对元认知构成的分析，可以发现元认知总体上涉及元认知知识（认知的知识、特质元认知、关于认知的自我评定知识）、元认知体验与元认知监控（认知的调节、状态元认知、思维的自我管理）3 个部分。元认知知识是元认知成分之一的观点已得到广泛认同，其他成分因研究者视角不同而有所差别。如弗拉维尔（Flavell）与布朗（Brown）两人对元认知的定义中都包括关于认知的知识和对认知的调节，但对构成进行分析时，Flavell 分析的是作为静态知识结构的元认知，而 Brown 分析的则既是知识实体，又是动态过程的元认知。[6] 故 Flavell 提出的另一成分是元认知体验，Brown 提出的另一成分是对认知的调节，即元认知监控。量表编制者采用元认知三分法编制，即元认知知识、元认知体验与元认知监控。

2. 量表结构及实施方法

2.1 量表维度

元认知量表包含 3 个维度，即元认知知识、元认知体验与元认知监控，具体维度内涵见表 10–5。

表 10–5 元认知量表维度内涵

维度	具体内涵
元认知知识	学习者通过经验而积累起来的，关于认知活动的一般性知识，即对影响认知活动的因素、各因素之间的相互作用以及作用的结果等方面的认识。又分为关于个体认知的知识、关于任务的知识、关于策略的知识
元认知体验	学习者对客观认知环境与认知活动的主观感受，包括认知体验与情感体验。认知体验是指学习者对知识的了然、洞察或迷茫的体验，情感体验包括学习者付出较大努力解决了一个其他人难以解决的问题后感到的自豪、满足等以及难以解决问题时感到的沮丧等
元认知监控	指学习者在进行认知活动过程中，将自己正在进行的认知活动作为对象，不断地对其进行积极而自觉的监视、控制和调节的过程。元认知监控包括计划、监测与调节

2.2 量表的题项归属

元认知量表 3 个维度的题项归属见表 10–6。

表 10–6 元认知量表的题项归属

量表维度	题项
元认知知识	1、2、3、4、5、6、7、8、9、10
元认知体验	11、12、13、14、15、16、17
元认知监控	18、19、20、21、22、23、24、25、26

2.3 答案选项和记分方法

（1）采用李克特 5 点量表法进行记分，“完全不符合”记 1 分，“比较不符合”记 2 分，“不确定”记 3 分，“比较符合”记 4 分，“完全符合”记 5 分。

（2）所有题项均为正向记分。

3. 测量学指标

元认知量表的编制主要结合问卷调查和学习行为分析，同时参考奥尼尔等人（O'Neil）的状态元认知问卷、[7] 杨（Young）元认知意识问卷[8] 以及施拉夫（Schraw）等人的元认知意识问卷[9] 改编而成。初始问卷包含 32 个题项，正式施测问卷包含 26 个题项。通过项目分析、因子分析、可靠性分析等，最终发现量表的内部一致性信度为 0.946，信度较高。具体各个维度的信度指标见表 10–7。

信度系数分别为 0.896、0.833、0.901，总体信度系数为 0.946，说明该问卷信度较好。因此，最终确定的元认知问卷包含 26 个题项：元认知知识方面 10 题、元认知体验方面 7 题、元认知监控方面 9 题。

表 10–7　元认知量表的信度检验结果

维度	Cronbach's α 值
元认知知识	0.896
元认知体验	0.833
元认知监控	0.901
总体	0.946

参考文献

[1] 李士平. 网络学习环境下基于反馈的元认知干预设计与实证研究 [D]. 长春：东北师范大学，2015.（量表来源文献）

[2] AZEVEDO R. Using hypermedia as a metacognitive tool for enhancing student learning?：The role of self-regulated learning [J]. Educational Psychologist, 2005, 40（4）：199–209.

[3] SCOTT B M, SCHWARTZ N H. Navigational spatial displays：The role of metacognition as cognitive load [J]. Learning and Instruction, 2007, 17（1）：89–105.

[4] SCHWARTZ N H, ANDERSEN C, HONG N, et al. The influence of metacognitive skills on learners' memory of information in a hypermedia environment [J]. Journal of Educational Computing Research, 2004, 31（1）：77–93.

[5] 董奇，周勇，陈红兵. 自我监控与智力 [M]. 杭州：浙江人民出版社，1996：18-56.

[6] 谢弗，清芬. 发展心理学的关键概念 [M]. 上海：华东师范大学出版社，2008：6-39.

[7] O'NEIL H, BROWN R S. Differential effects of question formats in math assessment on metacognition and affect [J]. Applied Measurement in Education, 1998, 11 (4): 331-351.

[8] YOUNG A E. Explorations of metacognition among academically talented middle and high school mathematics students [D]. Berkeley: University of California, 2010.

[9] SCHRAW G, DENNISON R S. Assessing metacognitive awareness [J]. Contemporary Educational Psychology, 1994 (19): 460-475.

扫描二维码
获取量表

发散性思维任务元认知策略问卷

概述

元认知监控包括监测和控制两个方面，是指认知主体在认知过程中，以自己的认知活动为对象，进行自觉的监督、控制和调节。它主要包括确认认知目标、选择认知策略、控制认知操作和评价认知活动并据此调整认知目标、认知策略和认知操作等环节，是元认知的核心内容之一。它是个体对正在进行的认知活动的识记程度和掌握程度等进行主观判断的过程。[1]它可以通过知晓感判断（Feeling of Knowing）、学习判断（Judgment of Learning，JOL）、容易度判断（Ease of Learning Judgment，EOJ）和自信心判断（Confidence of Judgment，COJ）等指标来反映。不同的元认知判断所依赖的信息不同，并以信息的输入和监测来作为判断的基础。其中，学习判断（JOL）是指个体认为自己在即将来临的回忆测验中能够正确回忆出所学材料的可能性有多大，是元认知监测最常用的指标之一。纳尔逊（Nelson）等让大学生学习多个斯瓦希里——英语翻译词对，让被试针对每个词对做出学习判断，范围是0%~100%。低JOL（0%~20%）意味着该被试认为项目不好学，而高JOL（80%~100%）意味着该被试认为项目很好学。被试在每个项目上的JOL值代表其元认知监测水平，JOL值与最终回忆成绩之间的相关度的高低则代表被试的元认知监测准确性程度。[2]

自信心判断（COJ）是指个体对自己答案准确与否的把握程度。科里亚特（Koriat）等呈现给被试两列不同分值（1分或5分）的线索词——目标词词对以供学习。[3]待全部学习完毕后，电脑呈现某一线索词及4种目标词供被试选择作答。随后，被试在自信心判断表中做出25%~100%的判断，即对自己所选答案做出正确把握程度判断。这一自信心判断即为被试元认知监测水平的反映指标。

元认知控制是指个体在监测基础上，对认知活动过程所进行的调节活动。即个体在对比自我监测所获得的信息与任务预期目标之间差异的基础上，对当前的认知行为作出相应的调节。[1]记忆和问题解决领域有关元认知控制的研究表明，元认知控制大致涉及学习时间分配、项目选择和重学以及不同类型认知和学习策略的选择。

纳尔逊（Nelson）和纳伦斯（Narens）[4] 提出了一个元认知监控模型来解释元认知监测和元认知控制的关系（见图 10–1）。这个模型主要包括 3 个特征：①将各种认知加工过程或功能划分为多个内部相连的水平，如“元水平”和“客体水平”。其中客体水平包括各种与外部客体相关的认知内容，如物体再认、语音编码，空间表征和语义加工等。元水平包括对客体水平的认知。②信息在两种水平间流动的方式。信息流动是分层次的，从客体水平所获得的信息（监测）到元水平，从元水平发射信息改变（控制）客体水平。③有关元水平如何改变和控制客体水平，以期实现元水平目标的相关知识和策略。这一模型主要包括上位的元认知过程如监测、动态模型和控制下层的认知过程，以实现某个目标。关于元认知监测和元认知控制的关系，典型的两种模型分别为监测影响控制模型（MC 模型）和控制影响监测模型（CM 模型）。对于 MC 模型，研究者认为学习是一种目标驱动过程。个体在学习过程中不断监测并评估对学习的掌握程度（现有状态），并将其与目标状态相比较，以不断调整学习的努力程度。在这种情况下，元认知监测是控制的基础。与此相反，CM 模型认为学习是一种数据驱动的过程。元认知监测有时会依靠从控制中获得的信息来进行，此时元认知控制成为监测的基础。以学习领域研究为例，MC 模型的主要特征是学习判断与学习时间之间呈显著正相关，而 CM 模型的主要特征是学习判断与学习时间之间呈显著负相关。

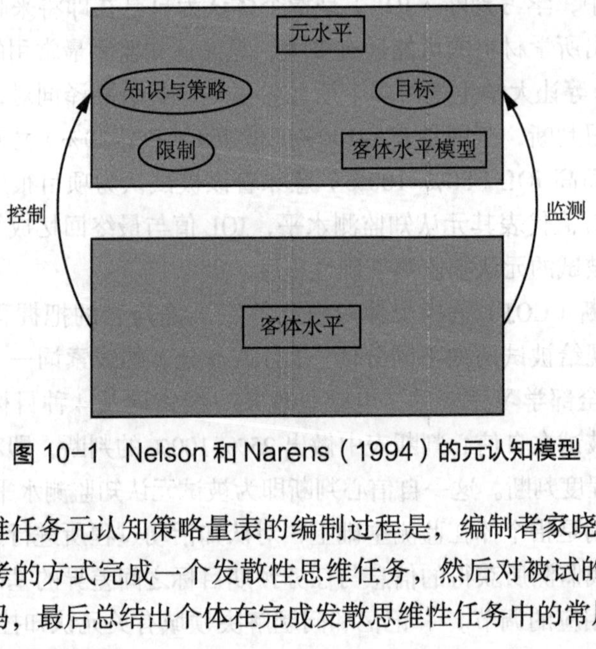

图 10–1　Nelson 和 Narens（1994）的元认知模型

发散性思维任务元认知策略量表的编制过程是，编制者家晓余[5] 首先让被试采用有声思考的方式完成一个发散性思维任务，然后对被试的有声思考内容进行开放式编码，最后总结出个体在完成发散思维性任务中的常用策略类型有 5

种。这 5 种策略分别为记忆检索策略、拆分式策略、基于属性策略、常规用途检索策略和想象重组策略。

这 5 种策略的内涵是：①记忆检索策略是从个体记忆系统中检索物体用途，表现为从自身直接经历或他人间接经验中检索物体用途。②拆分式策略是将物体进行拆分，利用其某一部分，或者重组这些部分来产生用途。③基于属性策略是检索并分析物体的属性如大小、形状、颜色、材质和结构等，利用这些属性产生该物体的用途。④常规用途检索策略是指检索物体一般性、常规性和广泛性的用途。⑤想象重组策略是基于个体原有经验系统中的知识，在头脑中对物体进行重新编码和加工，以扩大自身经验范围，或者想象在未来的情景中使用改进的物品，从而产生有关该物体的创造性用途。在此 5 种策略内涵的基础上，编制者家晓余编制了"发散性思维任务元认知策略问卷"。

发散性思维任务元认知策略问卷包括两部分内容：①策略定义及举例介绍。分别给出 5 种策略的定义以及示例，让被试能够理解这些策略的含义。如将基于属性策略定义为：检索并分析物体的属性（如物体的大小、形状、颜色、材质、结构等），利用这些属性产生该物体的用途。举例："铅笔很尖，可以在纸上戳洞"和"雨伞很直，可以用来做拐杖"。②针对每种策略的元认知判断。对于每种策略，个体需首先回答他在已完成的发散思维任务过程中是否使用过该策略。如果回答"否"，就自动跳到下一策略。如果回答"是"，就需对该策略进行 3 种元认知判断，即效用判断、容易度判断和使用频数判断。其中，效用判断是指"请您评估使用该策略能产生创新用途的效果有多大"，按照李克特 5 点量表法进行评定，1 代表"没有效果"，5 代表"非常有效"。容易度判断是指"你感觉使用该策略的容易程度有多大"，同样采用李克特 5 点量表法进行判断，1 代表"非常不容易"，5 代表"非常容易"。使用频数判断是指"你使用该策略的频数有多大"，采用李克特 5 点量表法进行判断，1 代表"非常少"，5 代表"非常多"。

参考文献

[1] KANFER F H. Self-regulation: Research, issues and speculation [R] //NEURINGER C, MICHAEL J L. Behavior Modification in Clinical Psychology [M]. New York: Appleton-Century-Crofts, 1970: 178-220.

[2] NELSON T O, NARENS L. Why investigate metacognition? [R] //METCALFE, SHIMAMURA A. Metacognition: Knowing about Knowing [M]. Cambridge, MA: Bradford, 1994: 1-26.

[3] KORIAT A, MA'AYAN H, NUSSINSON R. The intricate relationships between monitoring and control in metacognition: Lessons for the cause-and-effect

relation between subjective experience and behavior [J]. Journal of Experimental Psychology: General, 2006, 135 (1): 36–69.

[4] NELSON T O, NARENS L. Metamemory: A theoretical framework and some new findings [R] //The psychology of learning and motivation [M]. Pittsburgh: Academic Press, 1990: 73–125.

[5] 家晓余. 个体能力观对创造性思维的影响：基于元认知的框架 [D]. 杭州：浙江大学，2018.（量表来源问卷）

扫 描 二 维 码
获 取 量 表

英译汉翻译元认知调控问卷

1. 概述

元认知可分为相对静态的元认知知识和相对动态的元认知调控。其中，元认知调控是元认知的核心部分和本质内容，[1]是对个体正在进行的认知活动进行监测、调节和控制的动态过程，在翻译问题解决过程中更能体现元认知的作用。元认知调控是元认知活动的重中之重，耶格尔（Yeager）将元认知调控过程分为“预测和计划”和“学习技术和控制”。[2]德索特（Desoete）和罗耶斯（Roeyers）将元认知调控分为在线与离线元认知调控。[3]元认知调控的内涵丰富，包括任务分析、内容导向、提前计划、临时计划、监控理解、监控进程、评估结果、评估过程等，可归类整理为4个环节，即对认知活动的导向、计划、监控、评估。[4]元认知导向主要是指在解决问题之前进行任务分析和内容分析以激活背景知识，使学生可以对任务有一个整体的初步意识。元认知计划包括选择并组合问题解决策略、分配资源、形成行动方案。元认知监控（Monitoring）指控制问题理解过程和问题解决进程，必要时确定矛盾之处并修订问题解决方案。元认知评估是指对问题解决完成度的评估，可以对结果、过程等进行评估。

在英译汉的翻译过程中，译者需要站在元认知层面观察、反思自己的认知过程，监控各种翻译问题的解决情况，调整翻译活动，提高翻译效率和质量。故量表编制者将翻译元认知调控分为翻译导向、翻译计划、翻译监控、翻译评估4个环节。翻译导向是指对翻译任务和翻译内容进行分析，确定翻译目标、译文功能、目标读者及译文接受环境等，对翻译任务形成初步的整体意识，为划定翻译问题区间提供基本的认知导向。翻译计划是指针对翻译问题筛选翻译策略、分配资源、形成行动方案。翻译监控是指为解决翻译问题，监控原文理解过程和译文生成过程，针对出现的矛盾修订问题解决计划，如初期翻译计划不能满足当前翻译问题的解决需要重新调整方案等。翻译评估主要是对已经形成的备选译文进行质量评估。

2. 量表结构及实施方法

2.1 量表维度

英译汉翻译元认知调控问卷的预设维度为 4 个，即翻译导向、翻译计划、翻译监控、翻译评估，但通过对初测问卷进行探索性因素分析，析出了 3 个因子，可以解释总方差的 59.451%。进一步分析发现，译者在进行预设维度翻译评估行为时，需要对照预设维度翻译导向，查看翻译结束后自己的译文是否满足翻译前的预测结果，因此翻译导向和翻译评估二者关系非常密切，在因子分析过程中被归为一类实属正常。故正式施测问卷将翻译导向和翻译评估合并为同一个因子。

2.2 量表题项归属

英译汉翻译元认知调控问卷的 3 个维度的题项归属见表 10–8。

表 10–8　英译汉翻译元认知调控问卷的题项归属

量表维度	题项
翻译导向和翻译评估	1、2、11、12、13、14、15
翻译计划	3、4、5、6
翻译监控	7、8、9、10

2.3 答案选项和记分方法

（1）采用李克特 5 点量表法进行记分，“完全不符合”记 1 分，“比较不符合”记 2 分，“不确定”记 3 分，“比较符合”记 4 分，“完全符合”记 5 分。

（2）所有题项均为正向记分。

3. 测量学指标

问卷的总体内部一致性信度为 0.866，各维度的信度指标见表 10–9。

表 10-9　英译汉翻译元认知调控问卷的信度检验结果

维度	Cronbach's α 值
翻译导向和评估	0.808
翻译计划	0.733
翻译监控	0.713
总体	0.866

参考文献

［1］REDER L, SCHUNN C. Metacognition does not imply awareness: Strategy choice is governed by implicit learning and memory［R］//REDER L. Implicit Memory and Metacognition［M］. Mahwah, NJ: Erlbaum, 1996: 45-76.

［2］YEAGER T. The Development of the Metacognition Elements of Study Scale［D］. Grand Forks: University of North Dakota, 1999.

［3］DESOETE A, ROEYERS H. Off-line metacognition—A domain-specific retardation in young children with learning disabilities［J］. Learning Disability Quarterly, 2002（25）: 123-139.

［4］BACKER D L, KEER H V, VALCKE M. Examining evolutions in the adoption of metacognitive regulation in reciprocal peer tutoring groups［J］. Metacognition and Learning, 2016, 11（2）, 187-213.

［5］胡珍铭. 基于元认知调控的翻译元能力实验研究［D］. 长沙：湖南大学，2018.（量表来源文献）

扫 描 二 维 码
获 取 量 表

成长型思维量表

成长型与固定型思维模式理论由德韦克（Dweck，2006）[1]提出，她认为不同思维模式的人在应对成功与失败、成绩与挑战时的基本心态是不同的。具备成长型思维模式的人认为，人的能力、智力等都可以通过后天的努力来进行培养。虽然人的先天才能、资质、性格各有不同，但都可以通过努力和经历来改变。而拥有固定型思维模式的人则认为人的才能是一成不变的。这会让人们时刻想证明自己的智力、个性和特征，他们会把发生的事当作衡量能力和价值的直接标尺。因此，固定型思维模式会禁锢个体的思想，使个体失去前进的动力和学习的勇气。具有成长型思维模式的人会更关注学习知识本身，而不是别人对自己的评价，不是努力地去向别人证明自己很聪明。

家晓余[2]于2018年将包含20个题项的成长型思维量表（Growth Mindset Scale，GMS）翻译成中文，通过测试后计算量表的分半信度为0.84。量表采用李克特4点量表法进行记分，“非常不同意”记1分，“比较不同意”记2分，“比较同意”记3分，“非常同意”记4分。其中，第1、4、7、8、11、12、14、16、17、20为反向记分题，其他均为正向记分题。该量表总分为80分，分数越高表明个体越倾向于认为自身的智力在后天是可以成长和塑造的。

建议读者在使用此量表时找到量表的英文原始文献，再次核对翻译的准确性，并进一步检验量表的信效度。还有一些学者[3, 4, 5]对这一量表进行了重新修订，感兴趣的读者可以参考。

参考文献

［1］DWECK C S. Mindset：The new psychology of success［M］. New York：Ballantine，2006.

［2］家晓余. 个体能力观对创造性思维的影响：基于元认知的框架［D］. 杭州：浙江大学，2018.（量表来源文献）

［3］PARK S. Validating a mindset scale［D］. University of Oslo，2021.

［4］CHEN S，DING Y，LIU X. Development of the growth mindset scale：The evidence

and measurement of Chinese context [J]. Current Psychology, 2021.
[5] ATIF YILMAZ E. Adaptation of growth mindset scale to English [J]. The Journal of International Education Science, 2022, 9 (30): 1-19.

扫 描 二 维 码
获 取 量 表